# INSTRUÇÕES
## DE ALLAN KARDEC
### AO MOVIMENTO ESPÍRITA

Allan Kardec

# Instruções
## de Allan Kardec
## ao movimento espírita

COMPILAÇÃO DE ARTIGOS DA *REVISTA ESPÍRITA* E DE *OBRAS PÓSTUMAS* CONTENDO ORIENTAÇÕES E DIRETRIZES AO MOVIMENTO ESPÍRITA

Organizado por Evandro Noleto Bezerra

FEB

*Copyright* © 2005 *by*
FEDERAÇÃO ESPÍRITA BRASILEIRA – FEB

3ª edição – Impressão pequenas tiragens – 3/2025

ISBN 978-85-7328-867-4

Todos os direitos reservados. Nenhuma parte desta publicação pode ser reproduzida, armazenada ou transmitida, total ou parcialmente, por quaisquer métodos ou processos, sem autorização do detentor do *copyright*.

FEDERAÇÃO ESPÍRITA BRASILEIRA – FEB
SGAN 603 – Conjunto F – Avenida L2 Norte
70830-106 – Brasília (DF) – Brasil
www.febeditora.com.br
editorial@febnet.org.br
+55 61 2101 6161

Pedidos de livros à FEB
Comercial
Tel.: (61) 2101 6161 – comercial@febnet.org.br

Adquirindo esta obra, você está colaborando com as ações de assistência e promoção social da FEB e com o Movimento Espírita na divulgação do Evangelho de Jesus à luz do Espiritismo.

Dados Internacionais de Catalogação na Publicação (CIP)
(Federação Espírita Brasileira – Biblioteca de Obras Raras)

K18i     Kardec, Allan, 1804–1869

        Instruções de Allan Kardec ao Movimento Espírita / Allan Kardec; organização de Evandro Noleto Bezerra. – 3. ed. – Impressão pequenas tiragens – Brasília: FEB, 2025.

        258 p.; 21 cm

        "Compilação de artigos da 'Revista Espírita' e de 'Obras póstumas' contendo orientações e diretrizes ao Movimento Espírita"

        ISBN 978-85-7328-867-4

        Inclui referências e índice geral

        1. Espiritismo. I. Bezerra, Evandro Noleto, 1949–. II. Federação Espírita Brasileira. III. Título.

CDD 133.9
CDU 133.7
CDE 00.06.01

# Sumário

| | |
|---|---:|
| Nota do organizador............................................................ | 7 |
| Capítulo I – Propagação do Espiritismo ............................... | 9 |
| Capítulo II – Polêmica espírita............................................. | 19 |
| Capítulo III – Médiuns interesseiros ..................................... | 23 |
| Capítulo IV – Fraudes espíritas............................................. | 27 |
| Capítulo V – Sociedade Parisiense de Estudos Espíritas – Discurso de encerramento do ano social de 1858–1859.... | 31 |
| Capítulo VI – Deve-se publicar tudo quanto dizem os Espíritos?..................................................................... | 53 |
| Capítulo VII – O Espiritismo em 1860 ................................ | 59 |
| Capítulo VIII – Escassez de médiuns..................................... | 67 |
| Capítulo IX – Discurso de Allan Kardec na S.P.E.E. por ocasião da renovação do ano social de 1861.................. | 73 |
| Capítulo X – Discurso de Allan Kardec na S.P.E.E. durante a abertura do ano social de 1862......................................... | 85 |
| Capítulo XI – A luta entre o passado e o futuro .................... | 99 |
| Capítulo XII – Falsos irmãos e amigos inábeis....................... | 107 |

Capítulo XIII – Decisão tomada pela Sociedade Espírita de Paris a respeito de questões religiosas ............................. 117

Capítulo XIV – Exame das comunicações mediúnicas que nos são enviadas ................................................................. 121

Capítulo XV – Período de luta................................................. 127

Capítulo XVI – Sociedade Espírita de Paris – Discurso de abertura do 7º ano social de 1864.................................... 131

Capítulo XVII – Relatório da caixa do Espiritismo apresentado por Allan Kardec à Sociedade Espírita de Paris em 1865 .................................................................. 141

Capítulo XVIII – Nova tática dos adversários do Espiritismo.. 153

Capítulo XIX – O Espiritismo sem os Espíritos...................... 161

Capítulo XX – O Espiritismo independente ........................... 169

Capítulo XXI – Projeto de caixa geral de socorro e outras instituições para os espíritas ............................................. 177

Capítulo XXII – Olhar retrospectivo sobre o Movimento Espírita ............................................................................. 193

Capítulo XXIII – O Espiritismo é uma religião? ..................... 205

Capítulo XXIV – Os desertores ............................................... 215

Capítulo XXV – Ligeira resposta aos detratores do Espiritismo 223

Capítulo XXVI – Projeto 1868................................................ 229
    Estabelecimento central: 231; Ensino espírita: 232; Publicidade: 232; Viagens: 233.

Capítulo XXVII – Fora da caridade não há salvação................ 235

Referências .............................................................................. 237

Índice Geral ............................................................................ 239

## NOTA DO ORGANIZADOR

Nem todos os espíritas já tiveram oportunidade de compulsar as páginas da *Revista Espírita* — o *jornal de estudos psicológicos* de Allan Kardec — publicada sob a responsabilidade direta do Codificador no período de janeiro de 1858 a abril de 1869.

Conforme destacamos no volume I (1858) da coleção editada pela Federação Espírita Brasileira, a *Revista Espírita* era uma espécie de tribuna livre, um laboratório experimental, em que Allan Kardec sondava a opinião dos homens e a impressão dos Espíritos acerca de determinados assuntos, ainda hipotéticos ou mal compreendidos, não os incorporando às obras básicas da Doutrina senão depois de haverem passado pelo critério da *concordância* e da *universalidade* do ensino dos Espíritos.

Todavia, além das matérias de cunho doutrinário e daquelas relacionadas com a fenomenologia mediúnica, os 12 volumes da *Revista Espírita* constituem riquíssimo acervo em instruções e esclarecimentos de grande valia, da lavra do próprio Codificador, especialmente dirigidos aos espíritas e ao Movimento Espírita. São orientações judiciosas, que primam pela urbanidade, pela clareza e pela correção de estilo, muitas delas visando à formação de grupos e de sociedades espíritas, que, então, se multiplicavam na França e em outros países. Dir-se-ia que foram escritas hoje, tamanha é a sua atualidade e oportunidade.

## Nota do organizador

Ao selecioná-las e enfeixá-las num só volume, é nossa intenção disponibilizar aos companheiros de ideal, sobretudo aos dirigentes e trabalhadores espíritas, de maneira fácil e cômoda, *quase tudo* quanto escreveu Allan Kardec sobre tão fascinante assunto.

Com o mesmo objetivo, pinçamos alguns artigos de *Obras póstumas* e os agregamos a esta coletânea. O último deles sintetiza de modo admirável o pensamento de Allan Kardec a respeito da caridade, tal qual a entendia Jesus.

A tradução dos artigos extraídos da *Revista Espírita* é de nossa inteira responsabilidade. Os trechos de *Obras póstumas* levam o selo inconfundível de Luís Olímpio Guillon Ribeiro, ex-presidente da Federação Espírita Brasileira, a quem dedicamos esta singela compilação.

EVANDRO NOLETO BEZERRA
Organizador

Brasília (DF), 3 de outubro de 2005.

CAPÍTULO I

# Propagação do Espiritismo

Passa-se um fenômeno notável com a propagação do Espiritismo. Ressuscitado das crenças antigas há apenas alguns anos, não fez sua aparição entre nós à sombra dos mistérios, como outrora, mas em plena luz e à vista de todo mundo. Para uns foi objeto de curiosidade passageira, um divertimento que se descartava como um brinquedo, a fim de se tomar um outro; para muitos não encontrou senão a indiferença; para o maior número a incredulidade, malgrado a opinião de filósofos cujos nomes a cada instante invocamos como autoridade. Isso nada tem de surpreendente: o próprio Jesus convenceu, por seus milagres, todo o povo judeu? Sua bondade e a sublimidade de sua doutrina fizeram com que conquistasse graça perante os juízes? Não foi tratado, ao contrário, de velhaco e impostor? E se lhe não aplicaram o epíteto de charlatão, foi porque, então, não se conhecia esse termo de nossa civilização moderna. Entretanto, os homens sérios perceberam, nos fenômenos que ocorrem em nossos dias, algo mais que um simples objeto de frivolidade; estudaram, aprofundaram-no com olhos de observador consciencioso, nele encontrando a chave de uma multidão de mistérios até então incompreendidos. Para eles isso foi um facho de luz,

## Capítulo I

daí surgindo toda uma doutrina, toda uma filosofia e, podemos até mesmo dizer, toda uma ciência, inicialmente divergente, conforme o ponto de vista ou a opinião pessoal do observador, mas tendendo pouco a pouco à unidade de princípio. Apesar da oposição interesseira de alguns, sistemática entre os que imaginam que a luz não pode emanar senão de suas cabeças, encontra essa Doutrina numerosos aderentes, porque esclarece o homem sobre seus verdadeiros interesses, presentes e futuros, respondendo à sua aspiração com vistas ao futuro, tornado, de alguma sorte, palpável. Enfim, porque satisfaz simultaneamente à razão e às suas esperanças, dissipando dúvidas que degeneravam em absoluta incredulidade. Ora, com o Espiritismo todas as filosofias materialistas ou panteístas caem por si mesmas; não é mais possível a dúvida no tocante à Divindade, à existência da alma, sua individualidade, sua imortalidade. Seu futuro se nos apresenta como a luz do dia, e sabemos que esse futuro, que sempre deixa uma porta aberta à esperança, depende da nossa vontade e dos esforços que fizermos na direção do bem.

Enquanto não viram no Espiritismo senão fenômenos materiais, só se interessaram por ele como espetáculo, porque se dirigia aos olhos; porém, desde o momento em que se elevou à categoria de ciência moral, foi levado a sério, porque falava ao coração e à inteligência, e todos encontraram nele a solução do que procuravam vagamente em si mesmos; uma confiança fundada na evidência substituiu a incerteza pungente; do ponto de vista tão elevado em que nos coloca, as coisas terrenas parecem tão pequenas e tão mesquinhas que as vicissitudes deste mundo não são mais que incidentes passageiros, que se suporta com paciência e resignação; a vida corporal não passa de uma breve parada na *vida da alma*; para nos servirmos de uma expressão de nosso sábio e espirituoso confrade Sr. Jobard, não é mais que um albergue ordinário, onde não vale a pena desfazer as malas.

Com a Doutrina Espírita tudo está definido, tudo está claro, tudo fala à razão; numa palavra, tudo se explica, e os que se aprofundaram em sua essência encontram nela uma satisfação interior, à qual não mais desejam renunciar. Eis por que, em tão pouco tempo, encontrou tantas simpatias, de modo algum recrutadas no círculo limitado de uma localidade, mas no mundo inteiro. Se os fatos não estivessem aí para o provar, nós os julgaríamos pela nossa *Revista*, que tem apenas alguns meses de existência, e cujos assinantes, não se contem embora aos milhares, estão disseminados por todos os pontos do globo. Além dos de Paris e dos Departamentos, nós os possuímos na Inglaterra, Escócia, Holanda, Bélgica e Prússia; em São Petersburgo, Moscou, Nápoles, Florença, Milão, Gênova, Turim, Genebra, Madri e Shangai; na China e na Batávia; em Caiena; no México e no Canadá; nos Estados Unidos etc. Não o afirmamos como bravata, mas como um fato característico. Para que um jornal recém-fundado e tão especializado desde agora seja solicitado por países tão diversos e tão afastados, é preciso que o assunto nele tratado encontre partidários no mundo inteiro, pois, do contrário, não o fariam vir de tão longe por simples curiosidade, fosse ainda da lavra do melhor escritor. É, pois, o assunto que interessa, e não o seu obscuro redator. Aos olhos dos leitores, portanto, o seu objetivo é sério. Torna-se, assim, evidente que o Espiritismo tem raízes em todas as partes do mundo e, sob esse ponto de vista, vinte assinantes espalhados em vinte países diferentes provariam mais do que cem concentrados numa única localidade, porque não se poderia supô-lo senão como obra de uma confraria.

A maneira por que se vem propagando o Espiritismo até agora não merece uma atenção menos cuidadosa. Se a imprensa houvesse feito retumbar a voz em seu favor; se o pudesse enaltecer; se, em suma, o mundo lhe tivesse dado atenção, poder-se-ia dizer que se havia propagado como todas as coisas que dão margem a uma reputação factícia, da qual se deseja experimentar, mesmo que seja por curiosidade. Mas nada disso ocorreu: em geral, a imprensa não lhe prestou nenhum apoio voluntário; pelo contrário: quando não o desdenhou, em raros intervalos a ele se referiu somente para o levar ao ridículo e para despachar seus adeptos aos manicômios, coisa pouco estimulante para os que tivessem a veleidade de iniciar-se na Doutrina. Apenas o próprio Sr. Home mereceu as honras de algumas referências algo mais sérias, ao passo que os acontecimentos mais vulgares nela encontram grande espaço. Aliás, pela linguagem dos adversários, vê-se facilmente que falam do Espiritismo como os cegos falariam das cores, isto é, sem conhecimento de causa, sem exame sério e aprofundado, e unicamente baseados numa primeira impressão; dessa forma, seus argumentos se limitam à negação pura e simples, já que não podemos promover à categoria de argumentos as expressões chistosas que empregam. Por mais espirituosos que sejam, os gracejos não representam razões. Entretanto, não se deve acusar de indiferença ou de má vontade todo o pessoal da imprensa. Em termos individuais, nela o Espiritismo encontra partidários sinceros, e conhecemos diversos entre os mais destacados homens de letras. Por que, então, mantêm-se silenciosos? É que, ao lado da questão da crença, há também a da personalidade, muito poderosa neste século. Neles, como em muitos outros, a crença é concentrada, e não expansiva; além disso, obrigam-se a responder pelos erros de seus jornais, receando perder os assinantes caso levantem, com destemor, uma bandeira cuja coloração possa desagradar a alguns deles. Perdurará esse estado de coisas? Não; logo o Espiritismo será como o magnetismo, do qual só se falava outrora em voz baixa, e que hoje não se teme mais confessar. Por mais bela e justa que seja, nenhuma ideia nova se implanta instantaneamente no espírito das massas, e aquela que não encontrasse oposição seria um fenômeno absolutamente insólito. Por que faria o Espiritismo exceção à regra comum? Às ideias, como aos frutos, é preciso tempo para amadurecer, mas a leviandade humana faz com que sejam julgadas antes da maturidade ou sem que tenhamos o trabalho de sondar-lhes as qualidades íntimas. Isso nos faz lembrar a espirituosa fábula de *A macaquinha, o macaco e a noz*. Como se sabe, essa pequena macaca colhe uma noz com a casca ainda verde; morde-a, faz caretas, joga fora e se admira de gostarem de uma coisa tão amarga; mas um velho macaco, menos superficial e, com certeza, profundo pensador da sua espécie, apanha a noz do chão, quebra-lhe a casca, come-a e a considera deliciosa, decorrendo daí uma bela moral, dirigida aos que julgam as coisas novas tão somente pelo seu aspecto exterior.

O Espiritismo teve, pois, que caminhar sem o concurso de qualquer apoio estranho; e eis que, em cinco ou seis anos, tem-se vulgarizado com tamanha rapidez que toca as raias do prodígio. Onde terá adquirido essa força, senão em si mesmo? Em seu princípio é preciso, pois, tenha ele algo de muito poderoso, para ser assim propagado sem os meios superexcitantes da publicidade. É que, como havíamos dito acima, quem quer que se dê ao trabalho de aprofundá-lo encontrará nele o que procurava, aquilo que sua razão lhe fazia entrever, uma verdade consoladora, haurindo, finalmente, a esperança de uma verdadeira satisfação. Dessa forma, as convicções adquiridas são sérias e duráveis; não se trata dessas opiniões levianas que um sopro faz nascer e que outro as destrói. Ultimamente alguém nos dizia: "Encontro no Espiritismo uma esperança tão suave, nele haurindo tão gratas e doces consolações, que qualquer pensamento contrário tornar-me-ia bastante infeliz, sentindo que meu melhor amigo se tornaria odioso, caso tentasse demover-me dessa crença." Quando uma ideia não tem raízes pode lançar um brilho passageiro, semelhante a essas flores que fazemos desenvolver à força, mas que em breve, por falta de sustento, morrem e delas não mais se fala. Ao contrário, as que têm uma base séria crescem e persistem, terminando por identificar-se de tal modo com os nossos hábitos que mais tarde nos admiramos de um dia havermos passado sem elas.

Se o Espiritismo não foi secundado pela imprensa europeia, dirão que o mesmo não ocorreu na América. Até certo ponto isso é verdade. Na América, como aliás em todos os lugares, existe uma imprensa geral e uma imprensa especial. A primeira, por certo, ocupou-se muito mais do Espiritismo do que entre nós, embora menos do que se pensa; ela também tem os seus órgãos hostis. Somente nos Estados Unidos, conta a imprensa especial com 18 jornais espíritas, dos quais dez hebdomadários e vários de grande formato. A esse respeito, vê-se que estamos ainda bastante atrasados; mas lá, como aqui, os jornais especiais se destinam a pessoas especiais. É evidente que uma gazeta médica, por exemplo, não deverá ser pesquisada pelos arquitetos nem pelos homens da lei; da mesma forma um jornal espírita, com poucas exceções, não será lido senão pelos partidários do Espiritismo. O grande número de jornais americanos que trata dessa matéria prova a expressiva quantidade de leitores que têm a alimentar. Muito fizeram, sem dúvida, mas em geral sua influência é puramente local; são, na maioria, desconhecidos do público europeu, e os nossos jornais muito raramente transcrevem alguns artigos seus. Dizendo que o Espiritismo propagou-se sem o apoio da imprensa, queríamos nos referir à imprensa geral, que se dirige a todos, àquela cuja voz impressiona diariamente milhões de ouvidos, que penetra nos mais obscuros recantos; àquela que permite ao anacoreta, na solidão do deserto, estar tão perfeitamente a par do que se passa no mundo quanto os habitantes das cidades; enfim, da que semeia ideias a mancheias.

Que jornal espírita pode vangloriar-se de fazer ressoar os ecos do mundo? Fala às pessoas que têm convicção; não atrai a atenção dos indiferentes. Falamos, pois, a verdade quando dizemos que o Espiritismo foi entregue às próprias forças; se, por si mesmo, já deu tão grandes passos, que será quando dispuser da poderosa alavanca da grande publicidade! Enquanto aguarda esse momento, vai plantando balizas por toda parte; seus ramos acharão pontos de apoio em todos os lugares e, finalmente, em toda parte encontrará vozes cuja autoridade imporá silêncio aos detratores.

A qualidade dos adeptos do Espiritismo merece uma atenção particular. São recrutados nas camadas inferiores da sociedade, entre pessoas iletradas? Não; estes pouco ou nada se preocupam; talvez apenas tenham ouvido falar do Espiritismo. As próprias mesas girantes neles encontraram poucos adeptos. Até o momento, os seus prosélitos pertencem às primeiras fileiras da sociedade, entre pessoas esclarecidas, homens de saber e de raciocínio; e, coisa notável, os médicos, que durante muito tempo promoveram uma guerra encarniçada ao magnetismo, aderem sem dificuldade a essa Doutrina; entre nossos assinantes, contamos com um grande número deles, tanto na França quanto no estrangeiro, como os há também em grande maioria entre homens superiores sob todos os aspectos, notabilidades científicas e literárias, altos dignitários, funcionários públicos, oficiais generais, negociantes, eclesiásticos, magistrados e outros, todos gente bastante séria para tomar como passatempo um jornal que, como o nosso, não prima por ser divertido e, principalmente, se acreditarem nele não encontrar senão fantasias. A *Sociedade Parisiense de Estudos Espíritas* não é uma prova menos evidente dessa verdade, pela escolha das pessoas que reúne; suas sessões são acompanhadas com interesse constante, uma atenção religiosa e, podemos dizer, até mesmo com avidez; entretanto, só se ocupa de estudos graves, sérios, frequentemente abstratos, e não de experiências destinadas a excitar a curiosidade.

## Capítulo I

Falamos do que se passa sob os nossos olhos, não podendo, sob esse ponto de vista, dizer o mesmo de todos os centros que se ocupam do Espiritismo, porquanto, quase por toda parte, como haviam anunciado os Espíritos, *o período de curiosidade alcança o seu declínio*. Esses fenômenos nos fazem penetrar numa ordem de coisas tão grande, tão sublime que, ao lado dessas graves questões, um móvel que gira ou que dá pancadas é um brinquedo de criança: é o *á-bê-cê* da Ciência.

Sabemos, aliás, a que nos atermos agora, no que concerne à qualidade dos Espíritos batedores e, em geral, dos que produzem efeitos materiais. Foram muito apropriadamente nomeados de saltimbancos do mundo espírita; eis por que nos ligamos menos a eles do que aos que nos podem esclarecer.

Podemos distinguir, na propagação do Espiritismo, quatro fases ou períodos distintos:

1º) O da *curiosidade*, no qual os Espíritos batedores hão desempenhado o papel principal para chamar a atenção e preparar os caminhos.

2º) O da *observação*, no qual entramos, e que podemos chamar também de período filosófico. O Espiritismo é aprofundado e se depura, tendendo à unidade de Doutrina e constituindo-se em Ciência.

Virão em seguida:

3º) O período de *admissão*, no qual o Espiritismo ocupará uma posição oficial entre as crenças oficialmente reconhecidas.

4º) O período da *influência sobre a ordem social*. A humanidade, então sob a influência dessas ideias, entrará num novo caminho moral. Desde hoje essa influência é individual; mais tarde agirá sobre as massas, para a felicidade geral.

Assim, de um lado, eis uma crença que, por si mesma, espalha-se pelo mundo inteiro, pouco a pouco e sem os meios usuais de propaganda forçada; por outro lado, essa mesma crença finca raízes não nos estratos inferiores da sociedade, mas na sua parte mais esclarecida. Não haveria, nesse duplo fato, algo de muito característico e que devia fazer refletir todos quantos ainda consideram o Espiritismo um sonho vazio? Ao contrário de muitas outras ideias que vêm de baixo, informes ou desnaturadas, não penetrando senão com dificuldade nas camadas superiores, onde se depuram, o Espiritismo parte de cima e só chegará às massas desembaraçado das ideias falsas, inseparáveis das coisas novas.

É preciso convir, entretanto, que, entre muitos adeptos, existe somente uma crença latente. O temor do ridículo entre uns, e noutros o receio de melindrar certas suscetibilidades os impedem de proclamar alto e bom som as suas opiniões; isso é sem dúvida pueril; entretanto, nós os compreendemos perfeitamente. Não se pode pedir a certos homens aquilo que a natureza não lhes deu: a coragem de desafiar o "que dirão disso?". Porém, quando o Espiritismo estiver em todas as bocas — e esse tempo não está longe —, tal coragem virá aos mais tímidos. Sob esse aspecto uma mudança notável já vem se operando desde algum tempo; fala-se dele mais abertamente; já se arriscam, e isso faz abrir os olhos dos próprios antagonistas, que se interrogam se é prudente, no interesse de sua própria reputação, combater uma crença que, por bem ou por mal, infiltra-se por toda parte e encontra apoio no ápice da sociedade. Assim, o epíteto de *loucos*, tão largamente prodigalizado aos adeptos, começa a tornar-se ridículo; é um lugar-comum que se torna trivial, pois em breve os loucos serão mais numerosos que as pessoas sensatas, havendo mais de um crítico que já se colocou do seu lado. Finalmente, é o cumprimento do que anunciaram os Espíritos, ao dizerem: os maiores adversários do Espiritismo tornar-se-ão seus mais ardorosos partidários e propagandistas.

(*Revista Espírita*: jornal de estudos psicológicos, ano 1, set. 1858.)

CAPÍTULO II

## Polêmica espírita

Várias vezes já nos perguntaram por que não respondemos, em nosso jornal, aos ataques de certas folhas, dirigidos contra o Espiritismo em geral, contra seus partidários e, por vezes, contra nós. Acreditamos que o silêncio, em certos casos, é a melhor resposta. Aliás, há um gênero de polêmica do qual tomamos por norma nos abstermos: é aquela que pode degenerar em personalismo; não somente ela nos repugna, como nos tomaria um tempo que podemos empregar mais utilmente, o que seria muito pouco interessante para os nossos leitores, que assinam a *Revista* para se instruírem, e não para ouvirem diatribes mais ou menos espirituosas. Ora, uma vez engajado nesse caminho, difícil seria dele sair, razão por que preferimos nele não entrar, com o que o Espiritismo só tem a ganhar em dignidade. Até agora só temos que aplaudir a nossa moderação, da qual não nos desviaremos, e jamais daremos satisfação aos amantes do escândalo.

Entretanto, há polêmica e polêmica; uma há, diante da qual não recuaremos jamais: é a discussão séria dos princípios que professamos. Todavia, mesmo aqui há uma importante distinção a fazer; se se trata apenas de ataques gerais, dirigidos contra a Doutrina, sem um fim determinado, além do de criticar, e

## Capítulo II

se partem de pessoas que rejeitam por antecipação tudo quanto não compreendem, não merecem maior atenção; o terreno ganho diariamente pelo Espiritismo é uma resposta suficientemente peremptória e que lhes deve provar que seus sarcasmos não têm produzido grande efeito; também notamos que os gracejos intermináveis de que até pouco tempo eram vítimas os partidários da Doutrina pouco a pouco se extinguem. Perguntamos se há motivos para rir quando vemos as ideias novas adotadas por tantas pessoas eminentes; alguns não riem senão com desprezo e pela força do hábito, enquanto muitos outros absolutamente não riem mais e esperam.

Notemos ainda que, entre os críticos, há muitas pessoas que falam sem conhecimento de causa, sem se darem ao trabalho de a aprofundar. Para lhes responder seria necessário recomeçar incessantemente as mais elementares explicações e repetir aquilo que já escrevemos, providência que julgamos inútil. Já o mesmo não acontece com os que estudaram, mas nem tudo compreenderam, com os que querem seriamente esclarecer-se e com os que levantam objeções de boa-fé e com conhecimento de causa; nesse terreno aceitamos a controvérsia, sem nos gabarmos de resolver todas as dificuldades, o que seria muita presunção de nossa parte. A ciência espírita dá os seus primeiros passos e ainda não nos revelou todos os seus segredos, por maiores sejam as maravilhas que nos tenha desvendado. Qual a ciência que não tem ainda fatos misteriosos e inexplicados? Confessamos, pois, sem nos envergonharmos, nossa insuficiência sobre todos os pontos que ainda não nos é possível explicar. Assim, longe de repelir as objeções e os questionamentos, nós os solicitamos, contanto não sejam ociosos, nem nos façam perder o tempo com futilidades, pois que representam um meio de nos esclarecermos.

É a isso que chamamos polêmica útil, e o será sempre quando ocorrer entre pessoas sérias que se respeitam bastante para não se afastarem das conveniências. Podemos pensar de modo diverso sem, por isso, deixar de nos estimarmos. Afinal de contas, o que buscamos todos nessa tão palpitante e fecunda questão do Espiritismo? O nosso esclarecimento. Antes de mais, buscamos a luz, venha de onde vier; e, se externamos a nossa maneira de ver, trata-se apenas da nossa maneira de ver, e não de uma opinião pessoal que pretendamos impor aos outros; entregamo-la à discussão, estando prontos para renunciar a ela se demonstrarem que laboramos em erro. Essa polêmica nós a sustentamos todos os dias em nossa *Revista*, por meio das respostas ou das refutações coletivas que tivemos ocasião de apresentar, a propósito desse ou daquele artigo, e aqueles que nos honram com as suas cartas encontrarão sempre a resposta ao que nos perguntam, quando não a podemos dar individualmente por escrito, uma vez que nosso tempo material nem sempre o permite. Suas perguntas e objeções igualmente são objeto de estudos, de que nos servimos pessoalmente, sentindo-nos felizes por fazer com que nossos leitores os aproveitem, tratando-os à medida que as circunstâncias apresentam os fatos que possam ter relação com eles. Também sentimos prazer em dar explicações verbais às pessoas que nos honram com a sua visita e nas conferências assinaladas por recíproca benevolência, nas quais nos esclarecemos mutuamente.

(*Revista Espírita*: jornal de estudos psicológicos, ano 1, nov. 1858.)

## CAPÍTULO III

# Médiuns interesseiros

Em nosso artigo sobre os escolhos dos médiuns colocamos a cupidez no rol dos defeitos que podem dar guarida aos Espíritos imperfeitos. Alguns desenvolvimentos sobre esse assunto não serão inúteis. É preciso colocar na linha de frente dos médiuns interesseiros aqueles que poderiam fazer de sua faculdade uma profissão, dando o que se denomina de consultas ou sessões remuneradas. Não os conhecemos, pelo menos na França, mas como tudo pode tornar-se objeto de exploração, nada haveria de surpreendente em que um dia quisessem explorar os Espíritos. Resta saber como eles enfrentariam o fato, caso se tentasse introduzir tal especulação. Mesmo parcialmente iniciado no Espiritismo, compreende-se quanto seria aviltante semelhante especulação; entretanto, quem quer que conheça um pouco as difíceis situações enfrentadas pelos Espíritos para se comunicarem conosco sabe quão pouco é necessário para os afastar, assim como conhece sua repulsa por tudo quanto represente interesse egoísta; por isso, jamais poderão admitir que os Espíritos superiores se submetam ao capricho do primeiro que os venha evocar, em tal ou qual hora; o simples bom senso repele essa suposição. Não seria também profanação evocar o pai, a mãe, o filho ou um amigo por semelhante meio? Sem dúvida pode-se obter comunicações deste modo, mas só Deus sabe de que procedência! Os Espíritos levianos, mentirosos, travessos, zombadores e toda a corja de Espíritos inferiores vêm sempre; estão sempre dispostos a responder a tudo. Outro dia São Luís nos dizia na Sociedade: *Evocai um rochedo e ele vos responderá*. Aquele que deseja comunicações sérias deve, antes de tudo, instruir-se sobre a natureza das simpatias do médium com os seres de além-túmulo. Ora, aquelas que são dadas mediante pagamento não podem inspirar senão uma confiança bem medíocre.

Médiuns interesseiros não são unicamente os que poderiam exigir retribuição material; o interesse nem sempre se traduz na esperança de ganho material, mas também nas ambições de qualquer natureza, sobre as quais pode fundar-se a esperança pessoal; é ainda uma anomalia de que os Espíritos zombeteiros sabem muito bem aproveitar, e com uma destreza e uma desfaçatez verdadeiramente notáveis, embalando enganadoras ilusões aqueles que assim se colocam sob sua dependência. Em resumo, a mediunidade é uma faculdade dada para o bem, e os bons Espíritos se afastam de quem quer que pretenda transformá-la em trampolim para alcançar seja o que for que não corresponda aos desígnios da Providência. O egoísmo é a chaga da sociedade; os bons Espíritos o combatem e, portanto, não se deve imaginar que se sirvam dele. Isto é tão racional que seria inútil insistir mais sobre esse ponto.

Os médiuns de efeitos físicos não estão na mesma categoria. Sendo tais efeitos produzidos por Espíritos inferiores, pouco escrupulosos quanto aos sentimentos morais, um médium dessa natureza que quisesse explorar a sua faculdade poderia encontrar quem o assistisse sem muita repugnância. Mas também aí se apresenta outro inconveniente. O médium de efeitos físicos, assim como o de comunicações inteligentes, não recebeu essa faculdade para seu bel-prazer; ela lhe foi dada com a condição de usá-la adequadamente: se abusar, poderá ser retirada ou trazer-lhe prejuízos, porque, definitivamente, os Espíritos inferiores estão às ordens dos Espíritos superiores. Os inferiores adoram mistificar, mas não gostam de ser mistificados. Se de boa vontade se prestam às brincadeiras e às questões curiosas, assim como os demais não gostam de ser explorados, provando a todo instante que têm vontade própria e agindo como e quando melhor lhes pareça; isto faz com que o médium de efeitos físicos esteja ainda menos seguro da realidade das manifestações que o médium escrevente. Pretender produzi-los a dia e hora marcados seria dar provas da mais profunda ignorância. Que fazer, então, para ganhar o seu dinheiro? Simular os fenômenos; é o que poderá acontecer não apenas aos que disso fizerem uma profissão declarada, como também às pessoas aparentemente simples, que se limitam a receber uma retribuição qualquer dos visitantes. Se o Espírito nada produz, o próprio médium supre a sua deficiência: a imaginação é tão fecunda quando se trata de ganhar dinheiro...! É uma tese que desenvolvemos em artigo especial, visando a prevenir a fraude.

    De tudo quando precede, concluímos que a maior garantia contra o charlatanismo é o mais absoluto desinteresse, por isso que não há charlatães desinteressados; se isso nem sempre assegura a excelência das comunicações inteligentes, retira aos maus Espíritos um poderoso meio de ação e fecha a boca de certos detratores.

(*Revista Espírita*: jornal de estudos psicológicos, ano 2, mar. 1859.)

CAPÍTULO IV

# Fraudes espíritas[1]

Os que não admitem a realidade das manifestações físicas geralmente atribuem à fraude os efeitos produzidos. Baseiam-se no fato de que os prestidigitadores hábeis fazem coisas que parecem prodígios, para quem não lhes conhece os segredos, concluindo que os médiuns não passam de escamoteadores. Já refutamos este argumento, ou melhor, esta opinião, principalmente nos nossos artigos sobre o Sr. Home e nos números da *Revista Espírita* de janeiro e fevereiro de 1858. Aqui, pois, diremos apenas algumas palavras, antes de falarmos de coisa mais séria.

Do fato de haver charlatães que recomendam drogas nas praças públicas, mesmo de haver médicos que, sem irem à praça pública, iludem a confiança de seus clientes, seguir-se-á que todos os médicos são charlatães e que a classe médica haja perdido a consideração que merece? De haver indivíduos que vendem tintura por vinho, conclui-se que todos os negociantes de vinho são falsificadores e que não há vinho puro? Abusa-se de tudo, mesmo das coisas mais respeitáveis, e bem se pode dizer que também a fraude tem o seu gênio. Mas a fraude sempre visa a um fim, a um interesse material

---
[1] N.T.: Vide *O livro dos médiuns*, capítulo XXVIII, itens 314 a 323.

## Capítulo IV

qualquer; onde nada haja a ganhar, não há nenhum interesse em enganar. Foi por isso que dissemos, falando dos médiuns mercenários, que a melhor de todas as garantias é o desinteresse absoluto.

Dir-se-á que essa garantia não é única, porque em matéria de prestidigitação há amadores muito hábeis, que visam apenas a distrair a sociedade e disso não fazem uma profissão. Não poderia dar-se o mesmo com os médiuns? Sem dúvida que por alguns momentos podemos nos divertir, divertindo os outros; porém, para nisso passar horas inteiras, durante semanas, meses e anos, fora necessário que se estivesse verdadeiramente possuído do demônio da mistificação, e o primeiro mistificado seria o mistificador. Não repetiremos aqui tudo que já foi dito sobre a boa-fé dos médiuns e dos assistentes, quanto a serem joguetes de uma ilusão ou de uma fascinação. A isso já respondemos inúmeras vezes, bem como a todas as outras objeções, pelo que remetemos o leitor à nossa *Instrução prática sobre as manifestações* e aos nossos artigos anteriores da *Revista*. Nosso objetivo aqui não é convencer os incrédulos. Se não se convencem pelos fatos, não se deixarão convencer pelo raciocínio; seria, pois, perder nosso tempo. Ao contrário, dirigimo-nos aos adeptos, a fim de preveni-los contra os subterfúgios de que poderiam ser vítimas da parte de pessoas interessadas, por um motivo qualquer, em simular certos fenômenos; dizemos certos fenômenos porque alguns há que evidentemente desafiam toda habilidade de prestidigitação, tais como o movimento de objetos sem contato, a suspensão de corpos pesados no espaço, os golpes desferidos em diferentes posições, as aparições etc. E, ainda, para alguns desses fenômenos, até certo ponto seria possível a simulação, tal o progresso realizado pela arte da imitação.

O que é necessário fazer em semelhantes casos é observar atentamente as circunstâncias e, sobretudo, levar em conta o caráter e a posição das pessoas, a finalidade e o interesse que poderiam ter em enganar: eis aí o melhor de todos os controles, pois há circunstâncias que afastam todo motivo de suspeita. Desse modo, estabelecemos como princípio que é preciso desconfiar de todos quantos fizessem desses fenômenos um espetáculo ou um objeto de curiosidade e de divertimento, ou que deles tirassem qualquer proveito, por menor que fosse, vangloriando-se de os produzir à vontade e a qualquer momento. Nunca seria demasiado repetir que as inteligências ocultas que se manifestam têm suas suscetibilidades e querem provar-nos que também possuem livre-arbítrio e não se submetem aos nossos caprichos.

De todos os fenômenos físicos, um dos mais comuns é o dos golpes internos, vibrados na própria substância da madeira, com ou sem movimento da mesa ou de qualquer objeto que possa ser utilizado. Ora, sendo esse efeito um dos mais fáceis de imitar e também um dos mais frequentemente produzidos, julgamos de utilidade revelar uma pequena astúcia com a qual podemos ser enganados: basta colocar as mãos abertas sobre a mesa, suficientemente próximas para que as unhas dos polegares se apoiem fortemente uma na outra; então, por um movimento muscular absolutamente imperceptível, produz-se um atrito semelhante a um ruído seco, muito parecido com o da tiptologia interna. Esse ruído repercute na madeira e produz uma ilusão completa. Nada mais fácil do que fazer ouvir tantos golpes quanto se queira, uma batida de tambor etc., responder a certas perguntas pelo sim e pelo não, pelos números e até mesmo pela indicação das letras do alfabeto.

Uma vez prevenidos, o meio de reconhecer a fraude é bem simples. Não será mais possível se as mãos ficarem afastadas uma da outra e se estivermos seguros de que nenhum outro contato possa produzir o ruído. Aliás, os golpes autênticos oferecem essa característica: mudam de lugar e de timbre à vontade, o que não ocorre quando se devem à causa que assinalamos ou a outra análoga qualquer; que eles deixam a mesa para se fazerem ouvir em outra peça de mobiliário que ninguém toca; que, enfim, respondem a perguntas não previstas pelos assistentes.

## Capítulo IV

Chamamos, pois, a atenção das pessoas de boa-fé para esse pequeno estratagema, bem como para outros que possam reconhecer, a fim de os denunciar sem cerimônia. A possibilidade de fraude e de imitação não impede a realidade dos fatos, não podendo o Espiritismo senão ganhar em desmascarar os impostores. Se alguém nos disser: Vi tal fenômeno, mas havia fraude, responderemos que é possível; nós mesmos vimos pretensos sonâmbulos simularem o sonambulismo com muita habilidade, o que não impede que o sonambulismo deixe de ser um fato. Todo mundo já viu negociantes venderem algodão por seda, o que também não impede que haja verdadeiros tecidos de seda. É preciso examinar todas as circunstâncias e verificar se a dúvida tem fundamento. Nisso, porém, como em todas as coisas, é preciso ser perito. Ora, nós não poderíamos reconhecer como juiz de uma questão alguém que dela nada conhecesse.

Dizemos outro tanto dos médiuns escreventes. Pensa-se comumente que aqueles que são mecânicos oferecem mais garantias, não apenas pela independência das ideias, mas também contra o embuste. Pois bem! Isto é um erro! A fraude insinua-se por toda parte e sabemos com que habilidade é possível dirigir à vontade uma cesta ou uma prancheta que escreve, dando-lhes toda a aparência de movimentos espontâneos. O que levanta todas as dúvidas são os pensamentos expressos, venham de um médium mecânico, intuitivo, audiente, falante ou vidente. Há comunicações que escapam de tal forma das ideias, conhecimentos e, até mesmo, do alcance intelectual do médium, que seria necessário que nos enganássemos excessivamente para lhes dar crédito. Reconhecemos no charlatanismo uma grande habilidade e fecundos recursos, conquanto ainda não lhe reconheçamos o dom de dar saber a um ignorante, ou talento a quem não o tenha.

(*Revista Espírita*: jornal de estudos psicológicos, ano 2, abr. 1859.)

CAPÍTULO V

# Sociedade Parisiense de Estudos Espíritas

Discurso de encerramento do ano social de 1858–1859

Senhores,

No momento em que expira o vosso ano social, permiti vos apresente um breve resumo da marcha e dos trabalhos da Sociedade.

Conheceis a sua origem: ela foi formada sem um desígnio premeditado, sem um projeto preconcebido. Alguns amigos se reuniam em minha casa num pequeno comitê; pouco a pouco esses amigos me pediram permissão para apresentar seus amigos. Então não havia um presidente: eram reuniões íntimas, de oito a dez pessoas, semelhantes às que existem às centenas em Paris e alhures. Todavia, era natural que em minha casa eu tivesse a direção do que ali se fazia, seja como dono, seja também em decorrência dos estudos especiais que havia feito e que me davam certa experiência na matéria.

## Capítulo V

O interesse que despertavam essas reuniões ia crescendo, embora não nos ocupássemos senão de coisas muito sérias; pouco a pouco, um a um, foi crescendo o número dos assistentes, de tal forma que o meu modesto salão, muito pouco adequado para uma assembleia, tornou-se insuficiente. Foi então que alguns dentre vós propuseram que se procurasse outro cômodo e que nos cotizássemos para cobrir as despesas, pois não achavam justo que eu as suportasse sozinho, como até então ocorria. Entretanto, para nos reunirmos regularmente, além de um certo número e num local diferente, era necessário que nos conformássemos com as prescrições legais, ter um regulamento e, consequentemente, um presidente designado. Enfim, era preciso constituir-se uma sociedade; foi o que aconteceu, com o assentimento da autoridade constituída, cuja benevolência não nos faltou. Era também necessário imprimir aos trabalhos uma direção metódica e uniforme, e decidistes encarregar-me de continuar aquilo que fazia em casa, nas nossas reuniões privadas.

Dei às minhas funções, que posso dizer laboriosas, toda a exatidão e todo o devotamento de que fui capaz. Do ponto de vista administrativo, esforcei-me por manter nas sessões uma ordem rigorosa e lhes dar um caráter de gravidade, sem o qual o prestígio de assembleia séria logo teria desaparecido. Agora que minha tarefa está terminada e que o impulso foi dado, devo comunicar-vos a resolução que tomei, de futuramente renunciar a qualquer tipo de função na Sociedade, mesmo a de diretor de estudos. Não ambiciono senão um título: o de simples membro titular, com o qual me sentirei sempre honrado e feliz. O motivo de minha determinação está na multiplicidade de meus trabalhos, que aumentam diariamente pela extensão de minhas relações, considerando-se que, além daqueles que conheceis, preparo outros mais consideráveis, que exigem longos e laboriosos estudos e por certo não absorverão menos de dez anos.[2] Ora, os trabalhos da Sociedade não deixam de tomar muito tempo, tanto na preparação quanto na coordenação e na redação final. Além disso, reclamam uma assiduidade por vezes prejudicial às minhas ocupações pessoais e tornam indispensável a iniciativa quase exclusiva que me conferistes. É por essa razão, senhores, que tantas vezes tive de tomar a palavra, lamentando que os membros eminentemente esclarecidos que possuímos nos privassem de suas luzes. Há muito desejo demitir-me de minhas funções; deixei isso bastante claro em diversas circunstâncias, seja aqui, seja em particular, a vários de meus colegas, notadamente ao Sr. Ledoyen. Tê-lo-ia feito mais cedo, sem receio de trazer perturbação à Sociedade, retirando-me ao meio do ano, mas poderia parecer uma defecção, além do que me veria obrigado a dar satisfação aos nossos adversários. Tive, pois, de cumprir a minha tarefa até o fim. Hoje, porém, que tais motivos não mais subsistem, apresso-me em vos dar parte de minha resolução, a fim de não entravar a escolha que fareis. É justo que cada um participe dos encargos e das honras.

Há um ano a Sociedade viu crescer rapidamente a sua importância; o número de membros titulares triplicou em alguns meses; tendes numerosos correspondentes nos dois continentes, e os ouvintes teriam ultrapassado o limite do possível se não puséssemos um freio pela estrita execução do regulamento. Entre estes últimos, contastes as mais altas notabilidades sociais e mais de uma figura ilustrada. A pressa com que solicitam admissão em vossas sessões testemunha o interesse que elas despertam, não obstante a ausência de qualquer experimentação destinada a satisfazer a curiosidade ou, talvez, em razão de sua própria simplicidade. Se nem todos saem convencidos, o que seria exigir

---

[2] N.T.: Allan Kardec não poderia ter sido mais exato em sua previsão, considerando-se que então lhe restavam precisamente dez anos de atividades na seara espírita, antes de desencarnar em Paris a 31 de março de 1869.

## Capítulo V

o impossível, as pessoas sérias, as que não vêm com a ideia preconcebida de denegrir, levam da seriedade de vossos trabalhos uma impressão que as predispõe a aprofundar essas questões. Aliás, não temos senão que aplaudir as restrições que fizemos à admissão de ouvintes estranhos, assim evitando uma multidão de curiosos importunos. A medida pela qual limitastes essa admissão a determinadas sessões, reservando as demais apenas para os membros da Sociedade, teve como resultado conceder-vos mais liberdade nos estudos, que poderiam ser dificultados pela presença de pessoas ainda não iniciadas e cuja simpatia não estivesse assegurada.

Essas restrições parecerão muito naturais aos que conhecem a finalidade de nossa instituição e sabem que somos, antes de tudo, uma Sociedade de estudos e de pesquisas, e não uma arena de propaganda. É por essa razão que não admitimos em nossas fileiras aqueles que, não possuindo as primeiras noções da ciência, nos fariam perder tempo em demonstrações elementares, incessantemente repetidas. Desejaríamos, sem dúvida, a propagação das ideias que professamos, porque as julgamos úteis e, para isso, cada um de nós contribui com a sua parte. Sabemos, no entanto, que a convicção só é adquirida em observações seguidas, e não por meio de alguns fatos isolados, sem continuidade e sem raciocínio, contra os quais a incredulidade sempre poderá levantar objeções. Dir-se-á que um fato é sempre um fato; sem dúvida é um argumento irretorquível, desde que não seja contestado nem contestável. Quando um fato sai do círculo de nossas ideias e de nossos conhecimentos, à primeira vista parece impossível; quanto mais extraordinário for, maiores objeções levantará. Eis por que o contestam. Aquele que lhe sonda a causa e a descobre encontra-lhe uma base e uma razão de ser; compreende a sua possibilidade e, desde então, não mais o rejeita. Muitas vezes um fato não é inteligível senão por sua ligação com outros fatos; tomado isoladamente, pode parecer estranho, incrível, absurdo mesmo, mas se for um dos elos da cadeia, se tiver uma base racional, se se puder explicá-lo, desaparecerá qualquer anomalia. Ora, para conceber esse encadeamento, para aprender esse conjunto a que somos conduzidos de consequência em consequência, é necessário em todas as coisas, e talvez no Espiritismo mais ainda, uma série de observações racionais. O raciocínio é, pois, um poderoso elemento de convicção, hoje mais do que nunca, em que as ideias positivas nos levam a saber o porquê e o como de cada coisa.

Surpreendemo-nos com a persistente incredulidade, em matéria de Espiritismo, da parte de pessoas que viram, enquanto outras, que nada viram, são crentes inabaláveis. Seriam superficiais estas últimas criaturas, que aceitam sem exame tudo quanto se lhes diz? Não; é exatamente o contrário: os primeiros viram, mas não compreendem; os segundos não viram, mas compreendem; e somente compreendem porque raciocinam. O conjunto dos raciocínios sobre os quais se apoiam os fatos constitui a ciência, ciência ainda muito imperfeita, é verdade, cujo apogeu ninguém pretende ter atingido; enfim, uma ciência em seus primórdios, e vossos estudos se dirigem para a pesquisa de tudo quanto possa alargá-la e constituí-la. Eis o que importa seja bem sabido fora deste recinto, a fim de que não haja equívoco sobre o objetivo a que nos propomos, sobretudo a fim de não pensarem encontrar, vindo aqui, uma exibição de Espíritos a se oferecerem em espetáculo.

A curiosidade tem um termo. Quando está satisfeita, procura um novo motivo para distração; aquele que não se detém na superfície, que vê além do efeito material, tem sempre alguma coisa a aprender; para ele o raciocínio é uma fonte inesgotável: não tem limites. Aliás, nossa linha de conduta não poderia ser melhor traçada do que por essas admiráveis palavras que o

Espírito São Luís nos dirigiu, e que não deveríamos jamais perder de vista: "Zombaram das mesas girantes, mas não zombarão jamais da filosofia, da sabedoria e da caridade que brilham nas comunicações sérias. Que vejam aqui, que escutem ali, mas *que entre vós haja compreensão* e amor."

Essas palavras: *Que entre vós haja compreensão*, encerram todo um ensinamento. Devemos compreender, e procuramos compreender, porque não queremos crer como cegos: o raciocínio é o facho luminoso que nos guia. Mas o raciocínio de uma só pessoa pode transviar-se, razão por que quisemos nos reunir em sociedade, a fim de nos esclarecer mutuamente pelo concurso recíproco de nossas ideias e observações. Ao nos colocarmos neste terreno, assimilamos todas as outras instituições científicas e os nossos trabalhos produzirão mais prosélitos sérios do que se passarmos o tempo a fazer com que as mesas se movam e deem pancadas. Em breve estaríamos fartos disso. Nosso pensamento exige um alimento mais sólido, daí por que buscamos penetrar os mistérios do mundo invisível, cujos primeiros indícios são esses fenômenos elementares. Os que sabem ler se divertem a repetir sem cessar o alfabeto? Talvez tivéssemos maior afluência de curiosos, que se sucederiam em nossa sessões como personagens de um panorama mutável. Mas esses curiosos, que não poderiam improvisar uma convicção pela visão de um fenômeno para eles inexplicado, que o julgariam sem nele se aprofundarem, seriam antes um obstáculo aos nossos trabalhos. Eis por que, não nos querendo desviar de nosso caráter científico, afastamos todos quantos não se deixarem atrair por um objetivo sério. O Espiritismo tem consequências de tal gravidade, toca em questões de alcance tão elevado, fornece a chave de tantos problemas; enfim, nele haurimos tão profundos ensinos filosóficos que, ao lado de tudo isso, uma mesa girante é mera infantilidade.

Dizíamos que a observação dos fatos sem o raciocínio é insuficiente para levar a uma completa convicção, sendo considerada leviana a pessoa que se declarasse convencida de um fato cuja compreensão lhe escapasse. Essa maneira de proceder tem outro inconveniente que deve ser assinalado e do qual cada um de nós pode dar testemunho: é a mania da experimentação, que é a sua consequência natural. Aquele que vê um fato espírita sem lhe haver estudado todas as circunstâncias geralmente não vê senão o fato material e, desde então, o julga do ponto de vista de suas próprias ideias, sem pensar que, fora das leis conhecidas pode e deve haver leis desconhecidas. Acredita poder manobrá-lo à vontade, impõe condições e somente se deixará convencer se o fato ocorrer de uma certa maneira, e não de outra. Imagina que se fazem experiências com os Espíritos como se estes fossem uma pilha elétrica; não lhes conhecendo a natureza, nem a sua maneira de ser, porquanto não as estudaram, supõe ser possível impor-lhes a vontade e pretende que eles devam agir a um simples sinal, pelo mero prazer de convencê-lo. Porque se dispõe a ouvi-los durante um quarto de hora, imagina que devem ficar às suas ordens. Esses são os erros em que não caem os que se dão ao trabalho de aprofundar os estudos; conhecem os obstáculos e não exigem o impossível. Em lugar de quererem convencer de seu ponto de vista os Espíritos, coisa a que estes não se prestam de bom grado, colocam-se no ponto de vista dos Espíritos, o que faz com que os fenômenos mudem de aspecto. Para isso necessitamos de paciência, perseverança e uma vontade firme, sem a qual não se chegará a coisa alguma.

Aquele que realmente quer saber deve submeter-se às condições da coisa estudada, e não querer que esta se submeta às suas próprias condições. Eis por que a Sociedade não se presta a experimentações que não dariam resultado, visto saber, por experiência, que o Espiritismo, como qualquer outra ciência, não se aprende por osmose e em algumas horas. Como é uma Sociedade séria, só quer tratar com gente séria, que compreende as obrigações impostas por semelhante estudo, caso se queira fazê-lo conscienciosamente. Ela não reconhece como sérios os que dizem: "Deixem que eu veja um fato e me convencerei." Significa isso que desprezamos os fatos? Muito ao contrário, pois toda a nossa ciência está baseada nos fatos. Pesquisamos com interesse todos aqueles que nos oferecem um objeto de estudo ou confirmam princípios admitidos. Quero apenas dizer que não perdemos tempo em reproduzir os fatos que já conhecemos, do mesmo modo que um físico não se diverte em repetir incessantemente as experiências que nada lhe ensinam de novo. Dirigimos nossas investigações sobre tudo quanto possa esclarecer a nossa marcha, fixando-nos de preferência às comunicações inteligentes, fontes da filosofia espírita, cujo campo é ilimitado e bem mais amplo do que as manifestações puramente materiais, que só despertam interesse momentâneo.

Dois sistemas igualmente preconizados e praticados se apresentam na maneira de receber as comunicações de além-túmulo; uns preferem esperar as comunicações espontâneas; outros as provocam por um apelo direto, dirigido a este ou àquele Espírito. Pretendem os primeiros que na ausência de controle para constatar a identidade dos Espíritos, esperando a sua boa vontade, ficamos menos expostos a ser induzidos em erro; uma vez que o Espírito fala, só o fará se estiver presente e quiser falar, ao passo que não temos certeza se aquele que chamamos pode vir ou responder. Os outros objetam que deixar falar o primeiro que aparecer é abrir a porta aos bons e maus. A incerteza da identidade não é uma objeção séria, pois muitas vezes dispomos de meios para constatá-la, sendo aliás essa constatação objeto de um estudo vinculado aos próprios princípios da ciência. O Espírito que fala espontaneamente limita-se quase sempre às generalidades, enquanto as perguntas lhe traçam um quadro mais positivo e mais instrutivo. Quanto a nós, não condenamos senão os sistemas exclusivistas. Sabemos que são obtidas excelentes coisas de um e de outro modo e, se damos preferência ao segundo, é porque a experiência nos ensina que nas comunicações espontâneas os Espíritos mistificadores não vacilam em adornar-se de nomes respeitáveis, como também ocorre nas evocações. Têm mesmo o campo mais livre, ao passo que no sistema de perguntas nós os dominamos muito mais facilmente, sem contar que as questões são de incontestável utilidade nos estudos. Deve-se a esse modo de investigar, a quantidade de observações que recolhemos diariamente e que nos fazem penetrar mais profundamente nesses extraordinários mistérios. Quanto mais avançamos, mais se nos dilata o horizonte, mostrando quanto é vasto o campo que nos compete ceifar.

As numerosas evocações que temos feito permitiram-nos que dirigíssemos o olhar investigador sobre o mundo invisível, da base até o ápice, isto é, naquilo que ele tem de mais ínfimo quanto de mais sublime. A inumerável variedade de fatos e de caracteres emanados desses estudos, realizados com profunda calma, sustentada atenção e prudente circunspeção de observadores sérios, abriu-nos os arcanos desse mundo, para nós tão novo. A ordem e o método utilizados em vossas pesquisas eram elementos indispensáveis para o sucesso. Com efeito, já sabeis pela experiência que não basta chamar casualmente o Espírito de tal ou qual pessoa. Os Espíritos não vêm assim ao sabor de nosso capricho, nem respondem a tudo quanto a fantasia nos leva a lhes perguntar.

Com os seres de além-túmulo necessitamos de habilidade e de uma linguagem apropriada à sua natureza, às suas qualidades morais, ao grau de sua inteligência e à posição que ocupam; ser com eles dominador ou submisso, conforme as circunstâncias,

## Capítulo V

compassivo com os que sofrem, humilde e respeitoso com os superiores, firme com os maus e os voluntariosos, que só subjugam aqueles que os escutam complacentemente. Enfim, é preciso saber formular e encadear metodicamente as perguntas, para que sejam obtidas respostas mais explícitas, assimilando nas respostas as nuanças que muitas vezes constituem traços característicos e revelações importantes que escapam ao observador superficial, inexperiente ou ocasional. A maneira de conversar com os Espíritos é, pois, uma verdadeira arte, que exige tato, conhecimento do terreno que pisamos, constituindo, a bem dizer, o Espiritismo prático. Sabiamente dirigidas, as evocações podem ensinar grandes coisas; oferecem um potente elemento de interesse, de moralidade e de convicção: de interesse, por nos fazerem conhecer o estado do mundo que a todos nos aguarda e do qual algumas vezes fazemos uma ideia tão extravagante; de moralidade, porque nelas podemos ver, por analogia, nossa sorte futura; de convicção, porque nessas conversações íntimas encontramos a prova manifesta da existência e da individualidade dos Espíritos, que nada mais são do que nossas próprias almas, desprendidas da matéria terrestre. Estando formada a vossa opinião sobre o Espiritismo, não tendes necessidade de assentar as vossas convicções na prova material das manifestações físicas. Também quisestes, aconselhados pelos Espíritos, ater-vos ao estudo dos princípios e dos problemas morais, sem, por isso, negligenciar o exame dos fenômenos que podem auxiliar a pesquisa da verdade.

    A crítica contumaz censurou-nos por aceitarmos muito facilmente as doutrinas de certos Espíritos, sobretudo no que diz respeito às questões científicas. Tais pessoas revelam, por isso mesmo, que ignoram o verdadeiro objetivo da ciência espírita, assim como desconhecem aquele a que nos propomos, facultando-nos o direito de lhes devolver a censura de leviandade com que nos julgaram. Certamente não nos compete ensinar a reserva com a qual deve ser acolhido aquilo que vem dos Espíritos; estamos longe de tomar todas as suas palavras como artigos de fé. Sabemos que entre eles há os que se encontram em todos os graus de saber e de moralidade; para nós, é uma população que apresenta variedades muito mais numerosas que as que percebemos entre os homens; o que queremos é estudar essa população; é chegar a conhecê-la e compreendê-la. Para isto, estudamos as individualidades, observamos as pequenas diferenças e procuramos apreender os traços distintivos de seus costumes, de seus hábitos e de seu caráter; enfim, queremos nos identificar tanto quanto possível com o estado desse mundo.

Antes de ocupar uma residência queremos saber como é ela, se ali estaremos confortavelmente instalados, assim como conhecer os hábitos dos vizinhos e o tipo de sociedade que poderemos frequentar. Pois bem! É a nossa morada futura, são os costumes do povo em meio ao qual iremos viver que os Espíritos nos dão a conhecer. Mas, assim como entre nós há pessoas ignorantes e de visão acanhada, que fazem uma ideia incompleta de nosso mundo material e do meio que não lhe é próprio, também os Espíritos de horizonte moral limitado não podem assimilar o conjunto e ainda se acham sob o império dos preconceitos e dos sistemas. Não podem, pois, instruir-nos a respeito de tudo quanto se relacione com o mundo espírita, da mesma forma que um camponês não o poderia fazer em relação à alta sociedade parisiense ou ao mundo científico. Seria, portanto, fazer de nosso raciocínio um deplorável juízo pensar que escutamos todos os Espíritos como se fossem oráculos. Os Espíritos são o que são e nós não podemos alterar a ordem das coisas. Como nem todos são perfeitos, não aceitamos suas palavras senão com reservas e jamais com a credulidade infantil. Julgamos, comparamos, tiramos consequências de nossas observações, e os seus próprios

# Capítulo V

erros constituem ensinamentos para nós, pois não renunciamos ao nosso discernimento.

Essas obrigações aplicam-se igualmente a todas as teorias científicas que os Espíritos podem dar. Seria muito cômodo ter apenas que interrogá-los para encontrar a Ciência pronta e acabada e possuir todos os segredos industriais. Só conquistaremos a Ciência à custa de trabalho e de pesquisas. A missão dos Espíritos não é eximir-nos dessa obrigação. Aliás, não apenas estamos conscientes de que nem todos sabem tudo, como sabemos que entre eles, como sói acontecer entre os homens, existem pseudossábios, que julgam saber o que não sabem e falam daquilo que ignoram com imperturbável atrevimento. Pelo fato de um Espírito dizer que é o Sol que gira em torno da Terra, nem por isso essa teoria será mais verdadeira. Saibam, pois, aqueles que nos atribuem uma credulidade tão pueril, que tomamos toda opinião emitida por um Espírito como uma opinião pessoal; que não a aceitamos senão após havê-la submetido ao controle da lógica e dos meios de investigação que a própria ciência espírita nos fornece, meios que todos conheceis.

Tal é, senhores, o fim a que se propõe a Sociedade. Certamente não me compete ensinar-lhes coisa alguma, embora me agrade recordá-lo aqui, a fim de que minhas palavras repercutam lá fora e ninguém se equivoque quanto ao seu verdadeiro sentido. De minha parte sinto-me feliz por não ter tido senão que vos acompanhar neste caminho sério, que eleva o Espiritismo à categoria das ciências filosóficas. Vossos trabalhos já produziram frutos, mas os que produzirão mais tarde são incalculáveis se, como não duvido, vos mantiverdes em condições propícias para atrair os bons Espíritos ao vosso meio.

O concurso dos bons Espíritos é, com efeito, a condição sem a qual ninguém pode esperar a verdade; ora, depende de nós obter esse concurso. A primeira de todas as condições para granjearmos a sua simpatia é o recolhimento e a pureza das intenções. Os Espíritos sérios comparecem onde são chamados seriamente, com fé, fervor e confiança. Não gostam de servir de experiência nem de dar espetáculo; ao contrário, gostam de instruir aqueles que os interrogam sem pensamento preconcebido. Os Espíritos levianos, que se divertem de todas as maneiras, vão a toda parte e, de preferência, aonde encontram ocasião para mistificar; os maus são atraídos pelos maus pensamentos, e por maus pensamentos devemos entender todos aqueles que não se acham de acordo com os preceitos da caridade evangélica. Em toda reunião, portanto, aquele que albergar sentimentos contrários a esses preceitos traz consigo Espíritos desejosos de semear a perturbação, a discórdia e o desamor.

A comunhão de pensamentos e de sentimentos para o bem é, desse modo, uma condição de primeira necessidade, não podendo ser encontrada num meio heterogêneo onde têm acesso as paixões inferiores do orgulho, da inveja e do ciúme, paixões que sempre se revelam pela malevolência e pela acrimônia de linguagem, por mais espesso seja o véu com que se procure cobri-las; é o á-bê-cê da ciência espírita. Se quisermos fechar aos maus Espíritos a porta desse recinto, fechemos-lhes primeiramente a porta de nossos corações e evitemos tudo quanto lhes possa outorgar poder sobre nós. Se algum dia a Sociedade se tornasse joguete de Espíritos mistificadores, é que a ela teriam sido atraídos. Por quem? Por aqueles nos quais encontrassem eco, pois só comparecem onde sabem que serão ouvidos. Conhecemos o provérbio: *Dize-me com quem andas e te direi quem és.* Podemos parodiá-lo em relação aos nossos Espíritos simpáticos, dizendo assim: *Dize-me o que pensas e te direi com quem andas.* Ora, os pensamentos se traduzem por atos. Se admitirmos que a discórdia, o orgulho, a inveja e o ciúme só podem ser insuflados pelos maus Espíritos, aqueles que aqui trouxessem elementos de desunião suscitariam

## Capítulo V

entraves, acusando, por isso mesmo, a natureza de seus satélites ocultos, e não poderíamos senão lamentar a sua presença no seio da Sociedade. Queira Deus que isso jamais aconteça, como o espero. Auxiliados pelos bons Espíritos, se a eles nos tornarmos favoráveis, a Sociedade se consolidará, tanto pela consideração que tiver merecido, quanto pela utilidade de seus trabalhos.

Se tivéssemos em vista apenas experiências voltadas para a satisfação da curiosidade, a natureza das comunicações seria mais ou menos indiferente, pois somente as tomaríamos pelo que elas representam. Como, porém, em nossos estudos não buscamos uma diversão, nem para nós nem para o público, o que queremos são comunicações verdadeiras. Para isso, necessitamos da simpatia dos bons Espíritos, e tal simpatia só é adquirida pelos que afastam os maus com a sinceridade de suas almas. Dizer que Espíritos levianos jamais se tenham imiscuído conosco, a fim de ocultar o nosso lado vulnerável, seria muita presunção de perfeição; os Espíritos superiores chegam mesmo a permiti-lo, a fim de experimentar a nossa perspicácia e o nosso zelo na pesquisa da verdade. O nosso raciocínio, porém, deve pôr-nos em guarda contra as armadilhas que nos podem ser estendidas e, em todos os casos, nos fornece os meios de evitá-la.

O objetivo da Sociedade não consiste apenas na pesquisa dos princípios da ciência espírita; vai mais longe: estuda também as suas consequências morais, pois é principalmente nelas que encontra a sua verdadeira utilidade.

Ensinam nossos estudos que o mundo invisível que nos circunda reage constantemente sobre o mundo visível; eles no-lo mostram como uma das potências da natureza. Conhecer os efeitos dessa força oculta que nos domina e subjuga mau grado nosso, não será ter a chave de mais de um problema, a explicação de uma multidão de fatos que passam despercebidos? Se esses efeitos podem ser funestos, conhecer a causa do mal não será ter um meio de preservar-se contra ele, como o conhecimento da eletricidade possibilitou-nos atenuar os efeitos desastrosos do raio? Se então sucumbirmos, não poderemos nos queixar senão de nós mesmos, visto não termos a ignorância como desculpa. O perigo está no domínio que os maus Espíritos exercem sobre os indivíduos, e esse domínio não é apenas funesto do ponto de vista dos erros de princípio que podem propagar, mas também do ponto de vista dos interesses materiais. Ensina a experiência que jamais é impunemente que nos abandonamos à sua dominação, desde que suas intenções nunca podem ser boas. Para chegar a tal fim, uma de suas táticas é a desunião, porque sabem muito bem que podem facilmente dominar quem se encontra privado de apoio. Assim, quando querem apoderar-se de alguém, o seu primeiro cuidado é sempre inspirar-lhe a desconfiança e o isolamento, a fim de que ninguém os possa desmascarar, esclarecendo as pessoas prejudicadas com conselhos salutares. Uma vez senhores do terreno, podem fasciná-las à vontade, por intermédio de promessas sedutoras, e subjugá-las por meio da lisonja às suas inclinações, aproveitando o lado fraco que descobrem para, em seguida, melhor fazê-las sentir a amargura das decepções, feri--las em seus afetos, humilhá-las em seu orgulho e, muitas vezes, soerguê-las por um instante tão só para precipitá-las de mais alto.

Eis aí, senhores, o que nos mostram os exemplos que a cada instante se desdobram aos nossos olhos, tanto no mundo dos Espíritos quanto no mundo corpóreo, situação que podemos aproveitar para nós próprios, ao mesmo tempo que procuramos torná-la proveitosa aos outros. No entanto, perguntarão, não iremos atrair os maus Espíritos, evocando criaturas que pertenceram à escória da sociedade? Não, porque jamais sofremos a sua influência. Só há perigo quando é o Espírito que se impõe; nunca, porém, quando somos nós que nos impomos a ele. Sabeis perfeitamente que esses Espíritos não acodem ao vosso chamado senão constrangidos e forçados; que, em geral, se acham tão incomodados em vosso meio que sempre têm pressa em retirar-se. Para nós sua presença é objeto de estudo, porque para conhecer é preciso ver tudo. O médico só chega ao apogeu do saber quando explora as chagas mais repugnantes. Ora, essa comparação do médico é muito justa, desde que sabeis a quantidade de chagas que temos cicatrizado e os sofrimentos que aliviamos. Nosso dever é mostrar-nos caridosos e benevolentes com os seres de além-túmulo, assim como devemos proceder com os nossos semelhantes.

Senhores, pessoalmente eu desfrutaria de um privilégio inconcebível se tivesse ficado ao abrigo da crítica. Não nos pomos em evidência sem nos expormos aos dardos daqueles que não pensam como nós. Mas há duas espécies de crítica: uma que é malévola, acerba, envenenada, em que a inveja se trai em cada palavra; a outra, que visa à sincera pesquisa da verdade, tem características completamente diversas. A primeira não merece senão o desdém; jamais com ela me incomodei. Somente a segunda é discutível.

Algumas pessoas disseram que fui muito precipitado nas teorias espíritas, que ainda não era tempo de estabelecê-las e que as observações não se achavam ainda bastante completas. Permiti-me algumas palavras sobre o assunto.

Duas coisas devem ser consideradas no Espiritismo: a parte experimental e a parte filosófica, ou teórica. Abstração feita do ensino dos Espíritos, pergunto se, em meu nome, não tenho o direito, como qualquer outra pessoa, de lucubrar um sistema filosófico. O campo das opiniões não se encontra aberto a todo mundo? Por que, então, não poderia dar a conhecer o meu? Compete ao público julgar se ele tem ou não tem sentido. Mas essa teoria, em vez de me conferir qualquer mérito, se mérito existe, eu declaro que emana inteiramente dos Espíritos. — Seja, dirão alguns, mas estais indo muito longe. — Aqueles que pretendem dar a chave dos mistérios da Criação, desvendar o princípio das coisas e da natureza infinita de Deus, não vão muito mais longe do que eu, que declaro, da parte dos Espíritos, que não é dado ao homem aprofundar essas coisas, sobre as quais não podemos estabelecer senão conjecturas mais ou menos prováveis. — Andais muito depressa. — Seria erro tomar a dianteira de certas pessoas? Aliás, quem as impede de caminhar? — Os fatos não se acham ainda perfeitamente observados. — Mas se eu, certo ou errado, creio tê-los observado suficientemente, devo esperar a boa vontade daqueles que ficaram para trás? Minhas publicações não barram o caminho a ninguém.

— Estando os Espíritos sujeitos a erro, quem garante que aqueles que vos ensinaram não se terão enganado? — Com efeito, toda a questão se resume nisso, considerando-se que a objeção de precipitação é muito pueril. Pois bem! Devo dizer em que se funda a minha confiança na veracidade e na superioridade dos Espíritos que me instruíram. Primeiramente direi que, conforme o seu conselho, nada aceito sem controle e sem exame; não adoto uma ideia senão quando me parece racional, lógica, concorde com os fatos e as observações e se nada de sério vem contradizê-la. Mas meu julgamento não poderá ser um critério infalível. O assentimento que encontrei da parte de numerosas pessoas mais esclarecidas do que eu me fornece a primeira garantia. Mas eu encontro outra, não menos preponderante, no caráter das comunicações que foram obtidas desde que me ocupo de Espiritismo. Posso dizer que jamais escapou uma só dessas palavras, um único desses sinais pelos quais sempre se traem os Espíritos inferiores, mesmo os mais astuciosos. Jamais dominação; jamais conselhos equívocos ou contrários à caridade e à benevolência; jamais prescrições ridículas. Longe disso; neles não encontrei senão pensamentos generosos, nobres, sublimes, isentos de pequenez e de mesquinharia. Numa palavra: suas relações comigo, nas menores como nas maiores coisas, sempre foram de tal modo que, se tivesse sido um homem a me falar, eu o teria considerado o melhor, o mais sábio, o mais prudente, o mais moralizado e o mais esclarecido.

Eis aí, senhores, os motivos de minha confiança, corroborada pela identidade do ensino dado a uma porção de outras pessoas, antes e depois da publicação de minhas obras. O futuro dirá se estou certo ou errado. Enquanto isso, eu creio ter auxiliado o progresso do Espiritismo, trazendo algumas pedras ao seu edifício. Mostrando que os fatos podem assentar-se no raciocínio, terei contribuído para fazê-lo sair do atalho frívolo da curiosidade, a fim de fazê-lo adentrar no caminho sério da demonstração, isto é, na única via que pode satisfazer os homens que pensam e que não se detêm na superfície.

Termino, senhores, pelo rápido exame de uma questão de atualidade. Fala-se de outras sociedades que desejam rivalizar com a nossa. Dizem que uma já conta com trezentos membros e possui recursos financeiros apreciáveis. Prefiro crer que não seja uma fanfarrice, tão pouco lisonjeira para os Espíritos que a tivessem suscitado, quanto para aqueles que se lhe fizeram eco. Se for uma realidade, nós a felicitamos sinceramente, caso obtenha a necessária unidade de sentimentos para frustrar a influência dos maus Espíritos e consolidar a sua existência.

Ignoro completamente quais são os elementos da sociedade, ou das sociedades que dizem querer formar-se. Farei apenas uma observação geral.

Em Paris e alhures há uma porção de reuniões íntimas, como outrora foi a nossa, em que as pessoas se ocupam mais ou menos seriamente com as manifestações espíritas, sem falar dos Estados Unidos, onde elas se contam aos milhares. Conheço algumas em que as evocações são feitas nas melhores condições, obtendo-se coisas notáveis. É a consequência natural do número crescente de médiuns, que se desenvolvem de todos os lados, a despeito dos sarcasmos; quanto mais avançarmos, mais esses centros se multiplicarão. Formados espontaneamente de elementos muito pouco numerosos e variáveis, tais centros nada têm de fixo ou de regular e não constituem sociedades propriamente ditas. Para uma sociedade regularmente organizada são necessárias condições de vitalidade muito diferentes, justamente em razão do número de pessoas que a compõem, de sua estabilidade e de sua permanência. A primeira de todas é a *homogeneidade* de princípios e da maneira de ver. Toda sociedade composta de elementos heterogêneos traz em si o germe da dissolução; podemos considerá-la morta por antecipação, seja qual for o seu objetivo: político, religioso, científico ou econômico.

Uma sociedade espírita requer outra condição — a assistência dos bons Espíritos — se quisermos obter comunicações sérias. A não ser assim, caso permitamos aos maus tomarem pé, não obteremos senão mentiras, decepções e mistificações. Esse é o preço de sua própria existência, visto que os maus serão os primeiros agentes de sua destruição. Eles a minarão pouco a pouco, caso não a façam desabar logo de início. Sem homogeneidade, nada de comunhão de pensamentos e, portanto, nada da calma nem do recolhimento que se deseja. Ora, os bons só comparecem onde encontram essas condições; como encontrá-las numa reunião cujas crenças são divergentes, onde alguns membros nem mesmo creem e, em consequência, o espírito de oposição e de controvérsia domina incessantemente? Eles só assistem aqueles que desejam ardentemente esclarecer-se para o bem, sem pensamento preconcebido, e não para satisfazer a vã curiosidade. Querer formar uma sociedade espírita fora dessas condições seria dar provas da mais absoluta ignorância dos princípios mais elementares do Espiritismo.

## Capítulo V

Seríamos os únicos capazes de as reunir? Seria lastimável e muito ridículo assim pensar. O que fizemos, por certo outros poderão fazê-lo. Que outras sociedades se ocupem, portanto, de trabalhos iguais aos nossos, que prosperem e se multipliquem mil vezes melhor, porque será um sinal de progresso nas ideias morais; tanto melhor, sobretudo se forem bem assistidas e se tiverem boas comunicações, pois não temos a pretensão de ser os únicos privilegiados nesse campo. Como só visamos à nossa instrução pessoal e ao interesse da ciência, que nossa Sociedade não oculte nenhum pensamento de especulação, *nem direto nem indireto*, nenhuma visão ambiciosa; que sua existência não repouse sobre uma questão de dinheiro e que as demais sociedades sejam consideradas como irmãs nossas, e não como concorrentes. Se formos invejosos, provaremos que somos assistidos pelos maus Espíritos. Caso uma dessas sociedades se formasse tendo em vista a nos criar rivalidade, com a ideia preconcebida de nos suplantar, revelaria, por seu objetivo, a própria natureza dos Espíritos que presidiram à sua formação, já que esse pensamento não seria bom, nem caridoso, nem os bons Espíritos simpatizam com os sentimentos de ódio, ciúme e ambição.

De mais a mais, temos um meio infalível para não temer nenhuma rivalidade. É São Luís que no-lo oferece: *Que entre vós haja compreensão e amor* — disse-nos ele. Trabalhemos, pois, para nos compreendermos; lutemos com os outros, mas lutemos com caridade e abnegação. Que o amor do próximo esteja inscrito em nossa bandeira e seja a nossa divisa. Com isso afrontaremos a zombaria e a influência dos maus Espíritos. Nesse terreno, tanto melhor que se nos igualem, pois serão irmãos que chegam; depende apenas de nós, no entanto, jamais sermos ultrapassados.

Mas, dirão, tendes uma maneira de ver que não é a nossa; não podemos simpatizar com princípios que não admitimos, pois nada prova que estejais com a verdade. A isso responderei:

Nada prova que estejais mais certos do que nós, porque ainda duvidais e a dúvida não é uma doutrina. Pode-se diferir de opinião sobre pontos da ciência sem se morder nem atirar pedras, o que seria pouco digno e pouco científico. Procurai, pois, do vosso lado, como pesquisamos do nosso. O futuro dará razão a quem de direito. Se nos enganarmos, o tolo amor-próprio não nos tornará obstinados por ideias falsas. Há, porém, princípios sobre os quais temos certeza de não estar enganados: é o amor do bem, a abnegação, a abjuração de todo sentimento de inveja e de ciúme. Esses são os nossos princípios; com eles podemos sempre simpatizar sem nos comprometermos; é o laço que deve unir todos os homens de bem, seja qual for a divergência de suas opiniões. Somente o egoísmo interpõe uma barreira intransponível.

Tais são, senhores, as observações que julguei por bem apresentar-vos, ao deixar as funções que me houvestes confiado. Agradeço do fundo do coração a todos aqueles que me testemunharam simpatia. Aconteça o que acontecer, minha vida está consagrada à obra que empreendemos e me sentirei feliz se meus esforços puderem ajudar a fazê-la entrar no caminho sério que é a sua essência, o único que lhe pode assegurar o futuro. A finalidade do Espiritismo é tornar melhores os que o compreendem. Esforcemo-nos por dar o exemplo e mostremos que, para nós, a Doutrina não é uma letra morta. Numa palavra, sejamos dignos dos bons Espíritos, se quisermos que eles nos assistam. O bem é uma couraça contra a qual virão sempre se quebrar as armas da malevolência.

Allan Kardec

(*Revista Espírita*: jornal de estudos psicológicos, ano 2, jul. 1859.)

CAPÍTULO VI

# Deve-se publicar tudo quanto dizem os Espíritos?

Esta questão nos foi dirigida por um de nossos correspondentes e a ela respondemos por meio de outra pergunta: Seria bom publicar tudo quanto dizem e pensam os homens? Quem quer que possua uma noção do Espiritismo, por mais superficial que seja, sabe que o mundo invisível é composto de todos os que deixaram na Terra o envoltório visível. Entretanto, pelo fato de se haverem despojado do homem carnal, nem por isso os Espíritos se revestiram da túnica dos anjos. Encontramo-los de todos os graus de conhecimento e de ignorância, de moralidade e de imoralidade; eis o que não devemos perder de vista. Não esqueçamos que entre os Espíritos, assim como na Terra, há seres levianos, estouvados e zombeteiros; pseudossábios, vãos e orgulhosos, de um saber incompleto; hipócritas, malvados e, o que nos pareceria inexplicável se de algum modo não conhecêssemos a fisiologia desse mundo, existem os sensuais, os ignóbeis e os devassos, que se arrastam na lama. Ao lado disto, tal como ocorre na Terra, temos seres bons, humanos, benevolentes, esclarecidos, de sublimes virtudes; como, porém, nosso mundo não se encontra nem na primeira, nem na última posição, embora mais vizinho da última que da primeira, resulta que o mundo dos Espíritos compreende seres mais avançados intelectual e moralmente que os nossos homens mais esclarecidos, e outros que ainda estão abaixo dos homens mais inferiores.

Desde que esses seres têm um meio patente de comunicar-se com os homens, de exprimir os pensamentos por sinais inteligíveis, suas comunicações devem ser o reflexo de seus sentimentos, de suas qualidades ou de seus vícios. Serão levianas, triviais, grosseiras, mesmo obscenas, sábias, sensatas e sublimes, conforme seu caráter e sua elevação. Revelam-se por sua própria linguagem; daí a necessidade de não se aceitar cegamente tudo quanto vem do mundo oculto e submetê-lo a um controle severo. Com as comunicações de certos Espíritos, do mesmo modo que com os discursos de certos homens, poderíamos fazer uma coletânea muito pouco edificante. Temos sob os olhos uma pequena obra inglesa, publicada na América, que é a prova disso, e cuja leitura, podemos dizer, uma mãe não recomendaria à filha. Eis a razão por que não a recomendamos aos nossos leitores. Há pessoas que acham isso engraçado e divertido. Que se deliciem na intimidade, mas que o guardem para si mesmas. O que é ainda menos concebível é se vangloriarem de obter comunicações indecorosas; é sempre indício de simpatias que não podem ser motivo de vaidade, sobretudo quando essas comunicações são *espontâneas e persistentes*, como acontece a certas pessoas. Sem dúvida isto nada prejulga em relação à sua moralidade *atual*, porquanto encontramos criaturas atormentadas por esse gênero de obsessão, ao qual de modo algum se pode prestar o seu caráter. Entretanto, este efeito deve ter uma causa, como todos os efeitos; se não a encontramos na existência presente, devemos buscá-la numa vida anterior. Se não estiver em nós, estará fora de nós, mas sempre nos achamos nessa situação por algum motivo, ainda que seja pela fraqueza de caráter. Conhecida a causa, depende de nós fazê-la cessar.

Ao lado dessas comunicações francamente más e que chocam qualquer ouvido delicado, outras há que são simplesmente triviais ou ridículas. Haverá inconvenientes em publicá-las? Se forem dadas pelo que valem, serão apenas impróprias; se o forem como estudo do gênero, com as devidas precauções, os comentários e os corretivos necessários, poderão mesmo ser instrutivas, naquilo que contribuírem para tornar conhecido o mundo espírita em todos os seus aspectos. Com prudência e habilidade, tudo pode ser dito; o mal é dar como sérias coisas que chocam o bom senso, a razão e as conveniências. Neste caso, o perigo é maior do que se pensa. Em primeiro lugar, essas publicações têm o inconveniente de induzir em erro as pessoas que não estão em condições de aprofundá-las nem de discernir o verdadeiro do falso, especialmente numa questão tão nova como o Espiritismo. Em segundo lugar, são armas fornecidas aos adversários, que não perdem tempo em tirar desse fato argumentos contra a alta moralidade do ensino espírita; porque, insistimos, o mal está em considerar como sérias coisas que constituem notórios absurdos. Alguns podem mesmo ver uma profanação no papel ridículo que emprestamos a certas personagens justamente veneradas, e às quais atribuímos uma linguagem indigna delas. Aqueles que estudaram a fundo a ciência espírita sabem como se portar a esse respeito. Sabem que os Espíritos galhofeiros não têm o menor escrúpulo de se adornarem de nomes respeitáveis, mas sabem também que esses Espíritos não abusam senão daqueles que gostam de se deixar abusar, e que não sabem ou *não querem* desmascarar as suas astúcias pelos meios de controle que conhecemos. O público, que ignora isso, vê apenas um absurdo oferecido seriamente à sua admiração, o que faz com que diga: "Se todos os espíritas são assim, merecem o epíteto com que foram agraciados." Sem sombra de dúvida, esse julgamento não pode ser levado em consideração; vós os acusais com justa razão de leviandade. Dizei a eles: "Estudai o assunto e não examineis apenas uma face da moeda." Entretanto, há tantas pessoas que julgam *a priori*, sem se darem ao trabalho de virar a folha, sobretudo quando falta boa vontade, que é necessário evitar tudo quanto possa dar motivos a decisões precipitadas, porquanto, se à má vontade vier juntar-se a malevolência, o que é muito comum, ficarão encantadas de encontrar o que criticar.

Mais tarde, quando o Espiritismo estiver mais vulgarizado, mais conhecido e compreendido pelas massas, essas publicações não terão maior influência do que hoje teria um livro que encerrasse heresias científicas. Até lá, nunca seria demasiada a circunspeção, visto haver comunicações que podem prejudicar essencialmente a causa que querem defender, em intensidade superior aos ataques grosseiros e às injúrias de certos adversários; se algumas fossem feitas com tal objetivo, não alcançariam melhor êxito. O erro de certos autores é escrever sobre um assunto antes de tê-lo aprofundado suficientemente, dando lugar, desse modo, a uma crítica fundamentada. Queixam-se do julgamento temerário de seus antagonistas, sem se darem conta de que muitas vezes são eles mesmos que exibem uma falha na couraça. Aliás, malgrado todas as precauções, seria presunção julgarem-se ao abrigo de toda crítica: primeiro, porque é impossível contentar a todo mundo; em segundo lugar, porque há pessoas que riem de tudo, mesmo das coisas mais sérias, uns por seu *estado*, outros por seu caráter. Riem muito da religião, de sorte que não é de admirar que riam dos Espíritos, que não conhecem. Se pelo menos suas brincadeiras fossem espirituosas, haveria compensação. Infelizmente, em geral não brilham nem pela finura, nem pelo bom gosto, nem pela urbanidade e muito menos pela lógica. Façamos, então, o que de melhor estiver ao nosso alcance. Pondo de nosso lado a razão e as conveniências, poremos de lado também os trocistas.

Essas considerações serão facilmente compreendidas por todos. Há, porém, uma não menos importante, que diz respeito à própria natureza das comunicações espíritas, e que não devemos omitir: os Espíritos vão aonde acham simpatia e *aonde sabem que serão ouvidos*. As comunicações grosseiras e inconvenientes, ou simplesmente falsas, absurdas e ridículas, não podem emanar senão de Espíritos inferiores: o simples bom senso o indica. Esses Espíritos fazem o que fazem os homens que são ouvidos complacentemente: ligam-se àqueles que admiram as suas tolices e, frequentemente, se apoderam deles e os dominam a ponto de os fascinar e subjugar. A importância que, pela publicidade, é concedida às suas comunicações os atrai, excita e encoraja. O único e verdadeiro meio de os afastar é provar-lhes que não nos deixamos enganar, rejeitando impiedosamente, como apócrifo e suspeito, tudo que não for racional, tudo que desmentir a superioridade que se atribui ao Espírito que se manifesta e de cujo nome ele se reveste. Quando, então, vê que perde seu tempo, afasta-se.

Acreditamos ter respondido suficientemente à pergunta do nosso correspondente sobre a conveniência e a oportunidade de certas publicações espíritas. Publicar sem exame, ou sem correção, tudo quanto vem dessa fonte seria, em nossa opinião, dar prova de pouco discernimento. Tal é, pelo menos, a nossa opinião pessoal, que submetemos à apreciação daqueles que, *estando desinteressados pela questão*, podem julgar com imparcialidade, pondo de lado qualquer consideração individual. Como todo mundo, temos o direito de externar a nossa maneira de pensar sobre a ciência que constitui o objeto de nossos estudos, e de tratá-la à nossa maneira, sem pretender impor nossas ideias

## Capítulo VI

a quem quer que seja, nem apresentá-las como leis. Os que partilham a nossa maneira de ver é porque creem, como nós, estar com a verdade. O futuro mostrará quem está errado ou quem tem razão.

(*Revista Espírita*: jornal de estudos psicológicos, ano 2, nov. 1859.)

CAPÍTULO VII

# O Espiritismo em 1860

Temos o prazer de anunciar que a *Revista Espírita* dá início ao seu terceiro ano de circulação, amparada pelos mais favoráveis auspícios. É com satisfação que aproveitamos o ensejo para testemunhar aos leitores a nossa gratidão pelas provas de simpatia que temos recebido diariamente. Só isso já seria motivo suficiente de encorajamento, caso não encontrássemos, na própria natureza e no objetivo de nossos trabalhos, uma larga compensação moral às fadigas que lhes são consequentes. Tal é a multiplicidade desses trabalhos, aos quais nos consagramos inteiramente, que se torna impossível responder a todas as cartas de felicitações que nos chegam. Somos, pois, obrigados a dirigir-nos coletivamente aos seus autores, rogando-lhes que aceitem os nossos agradecimentos. Estas cartas, bem assim as numerosas pessoas que nos dão a honra de com elas conferenciar a respeito desses graves problemas, convencem-nos cada vez mais do progresso do Espiritismo *verdadeiro*, isto é, do Espiritismo compreendido em todas as suas consequências morais. Sem nos iludirmos quanto ao alcance de nossos trabalhos, o pensamento de haver contribuído, lançando alguns grãos na balança, é para nós uma doce satisfação, porquanto essas poucas sementes terão contribuído para despertar a reflexão.

## Capítulo VII

A prosperidade crescente da *Revista* é um indício do favor com que é acolhida. Não nos cabe senão continuar a obra na mesma linha, já que vem recebendo a consagração do tempo, sem nos afastarmos da moderação, da prudência e das conveniências que sempre nos orientaram. Deixando aos nossos contraditores o triste privilégio das injúrias e do personalismo, não os seguiremos no terreno de uma controvérsia sem objetivo. Dizemos sem objetivo porque jamais os levaria à convicção; ademais, seria pura perda de tempo discutir com pessoas que não têm a menor noção daquilo de que falam. Só temos uma coisa a dizer-lhes: estudai primeiro; depois veremos. Temos mais que fazer do que falar a quem não quer ouvir. Afinal de contas, o que importa a opinião contrária deste ou daquele? Terá essa opinião tão grande importância que possa deter a marcha natural das coisas? As maiores descobertas encontraram os mais rudes adversários, sem que por isso fossem prejudicadas. Assim, deixando a incredulidade zunir à nossa volta, jamais nos desviaremos do caminho que nos é traçado pela própria gravidade do assunto que nos ocupa.

Dissemos que as ideias espíritas estão em franco progresso. Com efeito, desde algum tempo ganharam imenso terreno. Dir-se-ia que estão no ar; não, certamente, em razão do barulho da grande e da pequena imprensa. Se elas progridem, apesar de tudo e contra tudo, não obstante a má vontade encontrada em certas regiões, é porque possuem vitalidade suficiente para se bastarem a si mesmas. Quem se der ao trabalho de aprofundar a questão do Espiritismo encontra nele uma satisfação moral tão grande, a solução de tantos problemas que inutilmente havia pedido às teorias vulgares; o futuro se desdobra à sua frente de maneira tão clara, tão precisa e tão *lógica* que a si mesmo confessa a impossibilidade de as coisas realmente não se passarem assim; já que um sentimento íntimo lhe dizia que assim deveria ser, é de causar admiração que não as tenha compreendido mais cedo.

Desenvolvida, a ciência espírita nada mais faz que formular, tirar do nevoeiro ideias já existentes em seu foro íntimo; daí por diante o futuro se apresenta com objetivo claro, preciso, perfeitamente definido; já não marcha ao sabor das ondas: vê o seu caminho. Não é mais esse futuro de felicidade ou de desgraça que a razão não podia compreender e que, por isso mesmo, o repelia; é um futuro racional, consequência das próprias Leis da natureza, capaz de suportar o exame mais severo. Eis por que é feliz e como que aliviado de um imenso peso: o da *incerteza*, porquanto a incerteza é um tormento. Mau grado seu, o homem sonda as profundezas do futuro e *não pode deixar de vê-lo eterno*; compara-o à brevidade e à fragilidade da existência terrestre. Se o futuro não lhe oferece nenhuma certeza, ele se atordoa, concentra-se no presente e, para o tornar mais suportável, entrega-se a todos os excessos: é em vão que a consciência lhe fala do bem e do mal. Diz a si mesmo: o bem é aquilo que me faz feliz. De fato, que motivo teria para ver o bem em outra parte? Por que suportar privações? Quer ser feliz e, para ser feliz, quer gozar; gozar o que os outros possuem; quer ouro, muito ouro; a ele se apega como à sua vida, porque o ouro é o veículo de todos os prazeres materiais. Que lhe importa o bem-estar do semelhante? O seu, antes de tudo. Quer satisfazer-se no presente, por não saber se o poderá mais tarde, num futuro em que não acredita. Torna-se, assim, ávido, invejoso, egoísta e, com todos esses prazeres, não é feliz porque o presente lhe parece muito curto.

Com a *certeza* do futuro, tudo para ele muda de aspecto; o presente é apenas efêmero e o vê passar sem lamentar-se; é menos apegado aos prazeres terrenos, porque só lhe trazem uma sensação passageira, fugidia, que deixa vazio o coração; aspira a uma felicidade mais duradoura e, consequentemente, mais real. E onde poderá encontrá-la, senão no futuro? Mostrando-lhe, *provando-lhe* esse futuro, o Espiritismo o liberta do suplício da

## Capítulo VII

incerteza, e isso o torna feliz. Ora, aquilo que traz felicidade sempre encontra partidários.

Os adversários do Espiritismo atribuem sua rápida propagação a uma febre supersticiosa que se apodera da humanidade: o amor do maravilhoso. Antes, porém, precisariam ser lógicos; aceitaremos o seu raciocínio — se é que a isso podemos chamar raciocínio — quando tiverem explicado claramente por que essa febre atinge justamente as classes esclarecidas da sociedade, em vez das ignorantes. Quanto a nós, dizemos que é porque o Espiritismo apela ao raciocínio, e não à crença cega, que as classes esclarecidas o examinam, refletem e o compreendem. Ora, as ideias supersticiosas não suportam o exame.

Aliás, todos vós que combateis o Espiritismo, chegais a compreendê-lo? Estudastes, perscrutastes seus detalhes, pesastes maduramente todas as suas consequências? Não, mil vezes não. Falais de algo que não conheceis. Todas as vossas críticas — e não falo das tolas, vulgares e grosseiras diatribes, despidas de qualquer raciocínio e que não têm nenhum valor — refiro-me às que, pelo menos, têm aparência de seriedade, todas as vossas críticas, repito, acusam a mais completa ignorância do assunto.

Para criticar é necessário poder opor raciocínio a raciocínio, prova a prova. Será isto possível sem conhecimento aprofundado do assunto de que se trata? Que pensaríeis de quem pretendesse criticar um quadro, sem possuir, pelo menos em teoria, as regras do desenho e da pintura? Discutir o mérito de uma ópera, sem saber música? Sabeis a consequência de uma crítica ignorante? É ser ridícula e revelar falta de juízo. Quanto mais elevada a posição do crítico, quanto mais ele se põe em evidência, tanto mais seu interesse lhe exige circunspeção, a fim de não vir a receber desmentidos, sempre fáceis de dar a quem quer que fale daquilo que não conhece. É por isso que os ataques contra o Espiritismo têm tão pouco alcance e favorecem o seu desenvolvimento, em vez de o deter. Esses ataques são propaganda; provocam exame, e o exame só nos pode ser favorável, porque nos dirigimos à razão. Não há um só artigo publicado contra a Doutrina que não nos tenha proporcionado um aumento de assinaturas e de vendas de obras. O do Sr. Oscar Comettant (Vide o *Siècle* de 27 de outubro passado, e nossa resposta na *Revista* do mês de dezembro de 1859) provocou a venda, em poucos dias, na casa Ledoyen, de mais de cinquenta exemplares da famosa sonata de Mozart (que custa 2 francos, preço líquido, segundo a importante e espirituosa observação do Sr. Comettant). Os artigos do *Univers* de 13 de abril e 28 de maio de 1859 (ver nossa resposta nos números da *Revista* de maio e julho de 1859) esgotaram rapidamente o que restava da primeira edição de *O livro dos espíritos*, bem como outros. Mas voltemos a coisas menos materiais. Enquanto não opuserem ao Espiritismo senão argumentos desta natureza, ele nada tem a temer.

Repetimos que a principal fonte do progresso das ideias espíritas está na satisfação que proporcionam a todos que as aprofundam, e que nelas veem algo mais do que um simples passatempo. Ora, como antes de tudo todos querem a felicidade, não é de admirar que se liguem a uma ideia que os torna felizes. Dissemos em algum lugar que, tratando-se de Espiritismo, o período da curiosidade passou, dando lugar ao da razão e ao da filosofia. A curiosidade tem tempo certo: uma vez satisfeita, muda-se o objetivo por um outro. Já não se dá a mesma coisa com quem se dirige ao pensamento sério e à razão. O Espiritismo progrediu principalmente a partir do momento em que passou a ser mais bem compreendido em sua essência íntima, desde que se viu o seu alcance, porque toca na fibra mais sensível do homem: a de sua felicidade, mesmo neste mundo. Aí reside a causa de sua propagação, o segredo da força que o fará triunfar.

Vós todos que atacais o Espiritismo, quereis um meio seguro de o combater com sucesso? Eu vo-lo indico. Substituí-o

## Capítulo VII

por algo melhor; encontrai uma solução mais *lógica* a todas as questões que ele resolve; dai ao homem *outra certeza* que o torne mais feliz, e compreendei bem o alcance da palavra certeza, porque o homem só aceita como certo o que lhe parece *lógico*; não vos contenteis em dizer que isso não é, pois é muito fácil; provai, não pela negação, mas pelos fatos, que isso não é, jamais foi e *não pode* ser. Provai, finalmente, que as consequências do Espiritismo não tornam melhores os homens, pela prática da mais pura moral evangélica, moral muito elogiada, mas pouco praticada. Quando tiverdes feito isso, serei o primeiro a inclinar-me perante vós. Até lá, permiti que encare vossas doutrinas, que são a negação completa do futuro, como a fonte do egoísmo, verme que corrói a sociedade e, consequentemente, como um verdadeiro flagelo. Sim, o Espiritismo é forte, mais forte do que vós, porque se apoia nos próprios alicerces da religião: Deus, a alma e as penas e recompensas futuras, baseadas no bem e no mal que se faz. Vós vos apoiais na incredulidade. Ele convida o homem à felicidade, à esperança, à verdadeira fraternidade. Vós lhe ofereceis o *nada* como perspectiva e o *egoísmo* como consolação. Ele tudo explica, vós nada explicais. Ele prova pelos fatos e vós nada provais. Como pretendeis que se vacile entre as duas doutrinas?

Em resumo, constatamos — e cada um vê e sente como nós — que o Espiritismo deu um passo imenso no ano que findou, e esse passo é a garantia daquele que haverá de dar no ano que começa. Não somente o número de seus partidários aumentou consideravelmente, como uma notável mudança operou-se na opinião geral, mesmo entre os indiferentes. Diz-se que no fundo de tudo isso bem poderia haver alguma coisa; que não se deve ser apressado em julgá-lo; os que assim agiam, dando de ombros, começam a temer o ridículo sobre si mesmos ao ligarem o próprio nome a um julgamento precipitado, que poderá ser desmentido. Deste modo, preferem calar-se e esperar. Sem dúvida, durante muito tempo ainda haverá pessoas que, nada tendo a perder com a opinião da posteridade, procurarão denegri-lo; umas, por caráter ou por estado de ânimo; outras, por cálculo. Mas nós nos acostumamos à ideia de ir ao hospício,[3] desde que nos vejamos em boa companhia; e, como tantas outras, esta piada sem graça torna-se um lugar-comum, com a qual ninguém se incomoda, porque no fundo desses ataques vê-se a mais absoluta falta de raciocínio. A arma do ridículo, essa arma que se diz tão terrível, se gasta evidentemente e tomba das mãos daqueles que a empunhavam. Acaso teria perdido o seu poder? Não, contanto que não desfira golpes em falso. O ridículo não mata senão o que é ridículo em si, tendo de sério apenas a aparência, porque fustiga o hipócrita e lhe arranca a máscara; mas aquilo que é verdadeiramente sério só receberá golpes passageiros e sairá sempre triunfante da luta. Vede se uma só das grandes ideias que foram ridicularizadas em sua origem pela turba ignorante e invejosa caiu para não mais se erguer! Ora, o Espiritismo é uma das maiores ideias, porque toca na questão mais vital — a da felicidade do homem — e não se brinca impunemente com semelhante problema. Ele é forte porque tem suas raízes nas próprias Leis da natureza e responde aos inimigos fazendo, desde o início, a volta ao mundo. Alguns anos mais e seus detratores, impotentes para o combater pelo raciocínio, encontrar-se-ão de tal modo ultrapassados pela opinião dominante, de tal forma isolados, que se verão forçados a calar ou a abrir os olhos à luz.

(*Revista Espírita*: jornal de estudos psicológicos, ano 3, jan. 1860.)

---

[3] N.T.: No original: *aller à Charenton*, referência a famoso hospital psiquiátrico francês.

CAPÍTULO VIII

## Escassez de médiuns

Embora publicado há pouco tempo, *O livro dos médiuns* já provocou, em várias localidades, o desejo de formar reuniões espíritas íntimas, como aconselhamos. Mas nos escrevem que param ante a escassez de médiuns. Por isso julgamos por bem dar alguns conselhos sobre os meios de remediá-los.

Um médium, sobretudo um bom médium, é incontestavelmente um dos elementos essenciais de toda assembleia que se ocupa do Espiritismo, mas seria erro pensar que, em sua falta, nada mais resta fazer senão cruzar os braços ou suspender a sessão. Não compartilhamos absolutamente a opinião de uma pessoa que comparava uma sessão espírita sem médiuns a um concerto sem músicos. Em nossa opinião, existe uma comparação muito mais justa: a do Instituto e de todas as sociedades científicas, que sabem utilizar o seu tempo sem ter constantemente sob os olhos os meios de experimentação. Vai-se a um concerto para ouvir música. É, pois, evidente que, se os músicos estiverem ausentes, o objetivo falhou. Mas numa reunião espírita vamos, ou pelo menos deveríamos ir, para nos instruirmos. A questão agora é saber se se pode fazê-la sem médium. Seguramente, para os que vão a essas reuniões com o único objetivo de ver efeitos,

## Capítulo VIII

o médium é tão indispensável quanto o músico no concerto, mas para os que, acima de tudo, buscam instruir-se, que querem aprofundar as diversas partes da ciência, em falta de um instrumento de experimentação, terão mais de um meio de o obter. É o que tentaremos explicar.

Inicialmente diremos que se os médiuns são comuns, os bons médiuns, na verdadeira acepção da palavra, são raros. A experiência prova diariamente que não basta possuir a faculdade mediúnica para obter boas comunicações. É preferível privar-se de um instrumento a tê-lo defeituoso. Certamente para os que buscam, nas comunicações, mais o fato que a qualidade, que as assistem mais por distração do que para esclarecimento, a escolha do médium é completamente indiferente. Mas falamos dos que têm um objetivo mais sério e veem mais longe. É a eles que nos dirigimos, porque estamos certos de que nos compreendem.

Por outro lado, os melhores médiuns estão sujeitos a intermitências mais ou menos longas, durante as quais há suspensão parcial ou total da faculdade mediúnica, sem falar das numerosas causas acidentais que podem privar-nos momentaneamente de seu concurso. Acrescentemos também que os médiuns inteiramente flexíveis, os que se prestam a todos os gêneros de comunicações, são ainda mais raros. Geralmente possuem aptidões especiais, das quais importa não os desviar. Vê-se, pois, que se não houver provisão de reserva, podemos ficar desprevenidos quando menos o esperamos, e seria desagradável que em tal caso fôssemos obrigados a interromper os trabalhos.

O ensino fundamental que se vem buscar nas reuniões espíritas sérias é, sem dúvida, dado pelos Espíritos. Mas que frutos tiraria um aluno das lições dadas pelo mais hábil professor se, por seu lado, ele também não trabalhasse? Se não meditasse sobre aquilo que ouviu? Que progresso faria a sua inteligência se tivesse constantemente o mestre ao seu lado para lhe mastigar a tarefa e lhe poupar o esforço de pensar? Nas assembleias espíritas os Espíritos preenchem dois papéis; uns são professores que desenvolvem os princípios da ciência, elucidam os pontos duvidosos e, sobretudo, ensinam as leis da verdadeira moral; outros são materiais de observação e de estudo, que servem de aplicação. Dada a lição, sua tarefa está acabada, enquanto a nossa começa: a de trabalhar sobre aquilo que nos foi ensinado, a fim de melhor compreender, de melhor captar o sentido e o alcance. É com vistas a nos deixar tempo livre para cumprirmos o nosso dever — que nos permitam essa expressão clássica — que os Espíritos suspendem algumas vezes as suas comunicações. Bem que eles querem nos instruir, mas com uma condição: a de lhes secundarmos os esforços. Cansam-se de repetir sem cessar e inutilmente a mesma coisa. Advertem; contudo, se não são ouvidos, retiram-se, a fim de que tenhamos tempo para refletir.

Na ausência de médiuns, uma reunião que se propõe a algo mais que ver manejar um lápis tem mil e um meios de utilizar o tempo de maneira proveitosa. Limitar-nos-emos a indicar alguns, sumariamente:

1º) Reler e comentar as antigas comunicações, cujo estudo aprofundado fará com que seu valor seja mais bem apreciado.

Se se objetar que seria uma ocupação fastidiosa e monótona, diremos que ninguém se cansa de ouvir um belo trecho de música ou de poesia; que depois de haver escutado um eloquente sermão, gostaríamos de o ler com a cabeça fria; que certas obras são lidas vinte vezes, porque cada vez nelas descobrimos algo de novo. Aquele que não é impressionado senão por palavras se aborrece ao ouvir a mesma coisa duas vezes, ainda que fosse sublime; faltam-lhe sempre coisas novas para o interessar, ou melhor, para o distrair. Aquele que medita tem um sentido adicional: é mais tocado pelas ideias do que pelas palavras, razão por que gosta de ouvir ainda aquilo que lhe vai ao espírito, sem se limitar ao ouvido.

2º) Contar fatos de que se tem conhecimento, discuti-los, comentá-los, explicá-los pelas leis da ciência espírita; examinar-lhes a possibilidade ou a impossibilidade; ver o que têm de plausível ou de exagero; distinguir a parte da imaginação e da superstição etc.

3º) Ler, comentar e desenvolver cada artigo de *O livro dos espíritos* e de *O livro dos médiuns*, assim como de todas as outras obras sobre o Espiritismo.

Esperamos que nos desculpem por citar aqui as nossas próprias obras, o que é muito natural, já que para isso foram escritas. Aliás, de nossa parte não passa de uma indicação, e não de uma recomendação expressa. Aqueles aos quais elas não convierem estão perfeitamente livres para pô-las de lado. Longe de nós a pretensão de imaginar que outros não as possam fazer tão boas ou melhores. Apenas acreditamos que, até o momento, nelas a ciência é encarada de modo mais completo do que em muitas outras, além de responderem a um maior número de perguntas e de objeções. É a esse título que as recomendamos. Quanto ao seu mérito intrínseco, só o futuro lhes será o grande juiz.

Daremos um dia um catálogo *racional* das obras que, direta ou indiretamente, tratam da ciência espírita, na Antiguidade e nos tempos modernos, na França ou no estrangeiro, entre os autores sacros e os profanos, quando nos tiver sido possível reunir os elementos necessários. Esse trabalho naturalmente é muito longo, e ficaremos muito reconhecidos às pessoas que no-lo quiserem facilitar, abastecendo-nos de documentos e de indicações.

4º) Discutir os diferentes sistemas sobre a interpretação dos fenômenos espíritas.

Sobre o assunto, recomendamos a obra do *Sr. de Mirville* e a do *Sr. Louis Figuier*, que são as mais importantes. A primeira é rica em fatos do mais alto interesse, hauridos em fontes autênticas. Só a conclusão do autor é contestável, porque em toda parte só vê demônios. É verdade que o acaso o serviu ao seu gosto, pondo-lhe sob os olhos aqueles que melhor podiam servi-lo, enquanto lhe ocultou os inumeráveis fatos que a própria religião encara como obra dos anjos e dos santos.

*A história do maravilhoso nos tempos modernos,* pelo Sr. Figuier, é interessante sob outro ponto de vista. Ali se encontram fatos longa e minuciosamente narrados, não se sabe muito bem por que, mas que devem ser conhecidos. Quanto aos fenômenos espíritas propriamente ditos, ocupam a parte menos considerável dos quatro volumes. Enquanto o Sr. de Mirville tudo explica pelo diabo e outros o explicam pelos anjos, o Sr. Figuier, que não crê nos diabos, nem nos anjos, nem nos bons e nem nos maus Espíritos, explica tudo, ou pensa tudo explicar, pelo organismo humano. O Sr. Figuier é um cientista; escreve com seriedade e se apoia no testemunho de *alguns* sábios. Pode-se, pois, considerar o seu livro como a última palavra da ciência oficial sobre o Espiritismo. E esta palavra é a *negação de todo princípio inteligente fora da matéria.* Lamentamos que a Ciência seja posta a serviço de tão triste causa, embora não seja responsável por isso, logo ela que nos desvenda incessantemente as maravilhas da Criação, escrevendo o nome de Deus em cada folha, e nas asas de cada inseto; culpados são os que, em seu nome, se esforçam para convencer que, após a morte, não restam mais esperanças.

Por esse livro os espíritas verão a que se reduzem os raios terríveis que deveriam aniquilar suas crenças. Aqueles que poderiam ter sido abalados pelo temor de um choque serão fortificados ao constatarem a pobreza dos argumentos que se lhes opõem, as inumeráveis contradições resultantes da ignorância e da falta de observação dos fatos. Sob esse aspecto a leitura pode ser-lhes útil, fosse ainda para poderem falar com maior conhecimento de causa, o que não faz o autor em relação ao Espiritismo, que nega sem o haver estudado, pela simples razão de negar todo poder sobre-humano. O contágio de semelhantes ideias não é de temer, pois elas trazem em si mesmas o antídoto: a instintiva repulsa do homem pelo nada. Proibir um livro é provar que o tememos. Nós aconselhamos a leitura do livro do Sr. Figuier.

Se a pobreza dos argumentos contra o Espiritismo é manifesta nas obras sérias, sua nulidade é absoluta nas diatribes e artigos difamatórios, nos quais a raiva impotente se trai pela grosseria, pela injúria e pela calúnia. Seria dar-lhes demasiada importância lê-las nas reuniões sérias. Ali nada há a refutar, nada a discutir e, consequentemente, nada a aprender; não teremos senão que as desprezar.

Vê-se, pois, que fora das instruções dadas pelos Espíritos, existe ampla matéria para um trabalho útil. Acrescentamos mesmo que colheremos nesse trabalho numerosos elementos de estudo para submeter aos Espíritos, em perguntas às quais inevitavelmente ele suscitará. Mas se for necessário suprir a ausência momentânea de médiuns, não se deve cometer o erro de passar sem eles indefinidamente. Não se deve negligenciar nada, a fim de os encontrar. Para uma reunião, o melhor é ir buscá-los no próprio meio; e, se se reportarem ao que dissemos sobre o assunto em nossa última obra,[4] às páginas 306 e 307, ver-se-á que o meio é mais fácil do que se pensa.

(*Revista Espírita*: jornal de estudos psicológicos, ano 4, fev. 1861.)

---

[4] N.T.: Allan Kardec se refere a *O livro dos médiuns*, publicado no mês anterior.

CAPÍTULO IX

# Discurso de Allan Kardec na S.P.E.E. por ocasião da renovação do ano social de 1861

Senhores e caros colegas,

No momento em que nossa Sociedade inicia o seu quarto ano, creio que devemos um agradecimento especial aos Espíritos bons que se têm dignado assistir-nos e, em particular, ao nosso Presidente espiritual, cujos sábios conselhos nos preservaram de vários perigos e cuja proteção permitiu vencêssemos as dificuldades semeadas em nosso caminho, certamente para pôr à prova o nosso devotamento e a nossa perspicácia. Devemos reconhecer que sua benevolência jamais nos faltou e, graças ao bom espírito de que a Sociedade agora está animada, triunfou sobre a má vontade de seus inimigos. Permiti-me, a propósito, algumas observações retrospectivas.

A experiência havia-nos demonstrado lacunas lamentáveis na constituição da Sociedade, que abriam a porta a certos abusos.

## Capítulo IX

A Sociedade as reparou e, desde então, só teve de se felicitar. Realiza o ideal da perfeição? Não seríamos espíritas se tivéssemos o orgulho de o crer. Mas, quando a base é boa e o resto não depende senão da vontade, é preciso esperar que, auxiliados pelos Espíritos bons, não paremos no caminho.

No número das mais úteis reformas deve-se colocar em primeiro lugar a instituição dos *sócios livres*, que dá mais fácil acesso aos candidatos, permitindo que se conheçam e se apreciem antes de sua admissão definitiva como membros titulares. Participando nos trabalhos e nos estudos da Sociedade, aproveitam tudo quanto nela se faz. Como, porém, não têm voz na parte administrativa, não podem, em nenhum caso, comprometer a responsabilidade da Sociedade. Vem a seguir a medida que teve por objeto restringir o número dos ouvintes e cercar de maiores dificuldades, por uma escolha mais severa, a sua admissão às sessões; depois, a que interdita a leitura de qualquer comunicação obtida fora da Sociedade, antes de ser conhecida previamente e que a leitura tenha sido autorizada; enfim, as que armam a Sociedade contra quem quer que possa trazer perturbação ou tente impor-lhe a sua vontade.

Há outras ainda que seria supérfluo lembrar, cuja utilidade não é menor e cujos felizes resultados podemos apreciar diariamente. Mas se tal estado de coisas é compreendido no seio da Sociedade, o mesmo não se dá fora dela, onde — nem é preciso dissimular — não temos somente amigos. Criticam-nos em vários pontos, e embora não tenhamos que nos preocupar com isto, pois a ordem da Sociedade só a nós interessa, talvez não seja inútil lançar uma vista d'olhos sobre aquilo que nos censuram, porque, em última análise, se essas censuras fossem fundadas, deveríamos aproveitá-las.

Certas pessoas desaprovam a severa restrição à admissão dos ouvintes; dizem que se quisermos fazer prosélitos é preciso esclarecer o público e, para isso, abrir-lhe as portas de nossas sessões, autorizar todas as perguntas e todas as interpelações; que se não admitirmos senão pessoas crentes, não teremos grande mérito em convencê-las. Esse raciocínio é especioso; se, abrindo nossas portas a qualquer um, o resultado suposto fosse alcançado, certamente erraríamos se não o fizéssemos. Mas como é o contrário que aconteceria, não o fazemos.

Afinal de contas, seria muito desagradável que a propagação da Doutrina se subordinasse à publicidade de nossas sessões. Por mais numeroso que fosse o auditório, seria sempre muito restrito, imperceptível, comparado à massa da população. Por outro lado, sabemos, por experiência, que a verdadeira convicção só se adquire pelo estudo, pela reflexão e por uma observação contínua, e não assistindo a uma ou duas sessões, por mais interessantes que sejam. Isso é tão verdadeiro que o número dos que creem sem ter visto, mas porque estudaram e compreenderam, é imenso. Sem dúvida o desejo de ver é muito natural e estamos longe de o censurar, mas queremos que vejam em condições aproveitáveis. Eis por que dizemos: Estudai primeiro e vede depois, porque compreendereis melhor.

Se os incrédulos refletissem sobre esta condição, nela veriam, para começar, a melhor garantia de nossa boa-fé e, depois, a força da Doutrina. O que mais teme o charlatanismo é ser compreendido; ele fascina os olhos e não é tolo a ponto de se dirigir à inteligência, que facilmente descobriria o reverso da moeda. O Espiritismo, ao contrário, não admite a confiança cega; quer ser claro em tudo; quer que lhe compreendam tudo, que se deem conta de tudo. Por conseguinte, quando prescrevemos o estudo e a meditação, pedimos o concurso da razão, assim provando que a ciência espírita não teme o exame, uma vez que, antes de crer, sentimos a necessidade de compreender.

Não sendo de demonstração as nossas sessões, sua publicidade não atingiria o objetivo e teria graves inconvenientes. Com um público não selecionado, trazendo mais curiosidade que verdadeiro desejo de instruir-se e, ainda mais, a vontade de criticar e ridicularizar, seria impossível ter o recolhimento indispensável para toda manifestação séria; uma controvérsia mais ou menos malevolente, na maior parte do tempo baseada na ignorância dos mais elementares princípios da Ciência, provocaria eternos conflitos, nos quais a dignidade poderia ser comprometida. Ora, o que nós queremos é que, ao sair de nossa casa, os ouvintes não levem convicção, mas levem da Sociedade a ideia de uma assembleia grave, séria, que se respeita e sabe fazer-se respeitar, que discute com calma e moderação, examina com cuidado, aprofunda tudo com olho de observador consciencioso, que procura esclarecer-se, e não com a leviandade de simples curioso. E crede-o bem, senhores, esta opinião faz mais pela propaganda do que se saíssem com o único pensamento de haverem satisfeito a curiosidade, porquanto a impressão dela resultante os induz a refletir, ao passo que, no caso contrário, estariam mais dispostos a rir do que a crer.

Eu disse que as nossas não são sessões de demonstração, mas se algum dia as fizéssemos desse gênero, para uso dos neófitos, quer se tratasse para instruí-los ou convencê-los, tudo nelas se passaria com tanta seriedade e recolhimento quanto nas nossas sessões ordinárias; a controvérsia estabelecer-se-ia com ordem, de maneira a ser instrutiva e não tumultuosa, e quem quer que se permitisse uma palavra inconveniente seria excluído; então a atenção seria mantida e a própria discussão aproveitaria a todos. É provavelmente o que faremos um dia. Perguntarão, sem dúvida, por que não o fizemos mais cedo, no interesse da vulgarização da ciência. A razão é simples: é que quisemos proceder com prudência, e não como estouvados, mais impacientes que refletidos. Antes de instruir os outros, quisemos, nós próprios, nos instruir. Queremos apoiar nosso ensino sobre uma imponente massa de fatos e observações, e não sobre algumas experiências incoerentes, observadas leviana e superficialmente.

    Toda ciência, em seu início, encontra forçosamente fatos que, a princípio, parecem contraditórios, de modo que só um estudo minucioso e completo pode demonstrar-lhe a conexão. Foi a lei comum desses fatos que quisemos buscar, a fim de apresentar um conjunto tão completo, tão satisfatório quanto possível, sem deixar a mínima oportunidade para a contradição. Com este objetivo recolhemos os fatos, examinamo-los, escrutamo-los no que eles têm de mais íntimo, comentamo-los, discutimo-los friamente, sem entusiasmo, e foi assim que chegamos a descobrir o admirável encadeamento que existe em todas as partes desta vasta ciência, que toca os mais graves interesses da humanidade. Tal foi até o momento, senhores, o objetivo dos nossos trabalhos, objetivo perfeitamente caracterizado pelo simples título de *Sociedade de Estudos Espíritas*, que adotamos. Reunimo-nos com a intenção de nos esclarecermos, e não de nos distrairmos. Não buscando diversão, não queremos divertir os outros. Daí por que não queremos ter senão ouvintes sérios, e não curiosos que aqui julgassem encontrar um espetáculo. O Espiritismo é uma ciência e, como qualquer outra ciência, não se aprende brincando. Ainda mais, tomar as almas dos que se foram como assunto para distração seria faltar ao respeito que merecem; especular sobre sua presença e sua intervenção seria impiedade e profanação.

    Estas reflexões respondem à crítica que algumas pessoas nos dirigiram, por voltar a fatos conhecidos e não procurar constantemente novidades. No ponto em que estamos é difícil que, à medida que avançamos, os fatos que se produzem não girem mais ou menos no mesmo círculo; mas esquecem que fatos tão importantes quanto os que tocam o futuro do homem só podem chegar ao estado de verdade absoluta após grande número de observações. Seria leviandade formular uma lei baseada em alguns exemplos. O homem sério e prudente é mais circunspecto; não apenas quer ver tudo, mas ver muito e muitas vezes. Eis por que não recuamos diante da monotonia das repetições, porque delas resultam confirmações e, frequentemente, matizes instrutivos, mas também porque nelas descobriríamos fatos contraditórios, cujas causas rebuscaríamos. Não temos a menor pressa de nos pronunciarmos sobre os primeiros dados, necessariamente incompletos; antes de colher, esperamos a maturidade. Se temos avançado menos do que alguns desejariam na sua impaciência, marchamos com mais segurança, sem nos perdermos no labirinto dos sistemas; talvez saibamos menos coisas, mas sabemos melhor, o que é preferível, e podemos afirmar o que sabemos segundo o testemunho da experiência.

Aliás, senhores, não penseis que a opinião dos que criticam a organização da Sociedade seja a dos verdadeiros amigos do Espiritismo; não, é a dos seus inimigos, que estão melindrados por ver a Sociedade prosseguir seu caminho com calma e dignidade, em meio às emboscadas que lhe armaram e ainda armam. Eles lamentam que o acesso a ela seja difícil, porque ficariam contentíssimos de aqui semearem a perturbação. Por isso também a censuram, por limitar o círculo de seus trabalhos, sob o pretexto de que não se ocupa senão de coisas insignificantes e sem alcance, já que se abstém de tratar de questões políticas e religiosas; gostariam de vê-la entrar na controvérsia dogmática. Ora, é isso precisamente que os denuncia. Com muita prudência a Sociedade se fechou num círculo inatacável à malevolência. Ferindo o seu amor-próprio, queriam arrastá-la por um caminho perigoso; ela, porém, não se deixará levar. Ocupando-se exclusivamente das questões que interessam à Ciência, e que não podem fazer sombra a ninguém, ela se pôs ao abrigo dos ataques e assim deve permanecer. Por sua prudência, moderação e sabedoria, conciliou a estima dos verdadeiros espíritas, estendendo-se a sua influência até países distantes, de onde aspiram à honra de dela fazer parte. Ora, essa homenagem que lhe é prestada por pessoas que só a conhecem de nome, por seus trabalhos e pela consideração que conquistou, é-lhe cem vezes mais preciosa que o sufrágio dos imprudentes muito apressados, ou dos malévolos que queriam arrastá-la à sua perda e ficariam muito contentes por vê-la comprometida. Enquanto eu tiver a honra de a dirigir, todos os meus esforços tenderão a mantê-la nesta via. Se algum dia dela saísse, eu a deixaria no mesmo instante, porque a preço algum desejaria assumir essa responsabilidade.

Não obstante isso, senhores, sabeis das vicissitudes por que a Sociedade tem passado. Tudo quanto aconteceu antes e depois foi anunciado e tudo se realizou como fora previsto. Seus inimigos queriam sua ruína; os Espíritos, que a sabiam útil, queriam a sua conservação, de modo que ela se manteve e se manterá enquanto for necessário aos seus objetivos. Se tivésseis observado, como pude fazê-lo, as coisas nos seus íntimos detalhes, não desconheceríeis a intervenção de um poder superior, que para mim é manifesto, e teríeis compreendido que tudo foi para o melhor e no interesse de sua própria conservação. Mas tempo virá em que, tal qual o é atualmente, ela já não será indispensável. Então veremos o que teremos a fazer, porque a marcha está traçada em vista de todas as eventualidades.

Os mais perigosos inimigos da Sociedade não são os de fora: podemos fechar-lhes as portas e os ouvidos. Os mais temíveis são os inimigos invisíveis, que aqui poderiam introduzir-se mau grado nosso. Cabe a nós provar-lhes, como já o temos feito, que perderiam tempo se tentassem impor-se a nós. Sua tática, bem o sabemos, é procurar semear a desunião, lançar o facho da discórdia, inspirar a inveja, a desconfiança e as suscetibilidades pueris que geram a desafeição. Oponhamos--lhes a muralha da caridade, da mútua benevolência, e seremos

## Capítulo IX

invulneráveis, tanto contra suas malignas influências ocultas quanto contra as diatribes de nossos adversários encarnados, que mais se ocupam de nós do que nós deles; porque podemos dizer, sem amor-próprio, que aqui jamais seu nome foi pronunciado, seja por uma questão de conveniência, seja porque temos de nos ocupar de coisas mais úteis. Não forçamos ninguém a vir a nós. Acolhemos com prazer e solicitude as pessoas sinceras e de boa vontade, seriamente desejosas de esclarecimento, e destas encontramos muitas para não perdermos tempo correndo atrás dos que nos voltam as costas por motivos fúteis, de amor-próprio ou de inveja. Estes não podem ser considerados verdadeiros espíritas, apesar das aparências. É possível que creiam nos fatos, mas, seguramente, não acreditam nas suas consequências morais, pois, do contrário, mostrariam mais abnegação, indulgência, moderação, e menos presunção de infalibilidade. Procurá-los seria mesmo prestar-lhes um mau serviço, porque seria fazer crer em sua importância e que não podemos passar sem eles. Quanto aos que nos denigrem, também não nos devemos preocupar; homens que valem cem vezes mais que nós foram denegridos e ridicularizados; não poderíamos ter privilégio quanto a esse ponto. Cabe-nos provar por nossos atos que suas diatribes não encontram ressonância, e as armas de que se servem voltar-se-ão contra eles.

Depois de ter, no início, agradecido aos Espíritos que nos assistem, não devemos esquecer os seus intérpretes, alguns dos quais nos dão seu concurso com um zelo, uma complacência jamais desmentidos. Em troca, não lhes podemos oferecer senão um estéril testemunho de nossa satisfação. Mas o mundo dos Espíritos os espera, e lá todos os devotamentos são levados em conta na razão do desinteresse, da humildade e da abnegação.

Em resumo, senhores, durante o ano que passou nossos trabalhos marcharam com perfeita regularidade e nada os interrompeu. Uma multidão de fatos do mais alto interesse foi relatado, explicado e comentado; questões muito importantes foram resolvidas; todos os exemplos que passaram sob nossos olhos pelas evocações, todas as investigações a que nos entregamos vieram confirmar os princípios da ciência e fortalecer as nossas crenças; numerosas comunicações, de incontestável superioridade, foram obtidas por diversos médiuns; a província e o estrangeiro nos remeteram algumas deveras notáveis, provando não só quanto o Espiritismo se espalha, mas também sob que ponto de vista grave e sério ele agora é encarado por toda parte. Sem dúvida este é um resultado pelo qual devemos nos sentir felizes, mas há outro não menos satisfatório e que é, aliás, uma consequência do que havia sido predito desde a origem: é a unidade que se estabelece na teoria da Doutrina, à medida que é estudada e mais bem compreendida. Em todas as comunicações que nos chegam de fora encontramos a confirmação dos princípios que nos são ensinados pelos Espíritos, e, como as pessoas que as recebem nos são, na maioria, desconhecidas, não se pode dizer que sofram a nossa influência.

O princípio mesmo da reencarnação, que inicialmente havia encontrado muitos contraditores, porque não era compreendido, é hoje aceito pela força da evidência e porque todo homem que pensa nele reconhece a única solução possível do maior número de problemas da filosofia moral e religiosa. Sem a reencarnação somos detidos a cada passo, tudo é caos e confusão; com a reencarnação tudo se esclarece, tudo se explica da maneira mais racional. Se ela ainda encontra alguns adversários mais sistemáticos que lógicos, seu número é muito restrito. Ora, quem a inventou?

Seguramente não fostes vós, nem eu; ela nos foi ensinada, nós a aceitamos: eis tudo o que fizemos. De todos os fenômenos que surgiram no princípio, bem poucos sobrevivem hoje, e pode-se dizer que os seus raros partidários estão, principalmente, entre pessoas que julgam à primeira vista e, muitas vezes, conforme ideias preconcebidas e prevenções. Mas agora é evidente que quem quer que se dê ao trabalho de aprofundar todas as questões e julgar friamente, sem prevenção, sobretudo sem hostilidade sistemática, é levado invencivelmente, tanto pelo raciocínio quanto pelos fatos, à teoria fundamental que, pode-se dizer, hoje prevalece em todos os países do mundo.

Por certo, senhores, a Sociedade não fez tudo para este resultado. Mas, sem vaidade, creio que ela pode reivindicar uma pequena parte; sua influência moral é maior do que se pensa, precisamente porque jamais se desviou da linha de moderação que se traçou. Sabe-se que ela se ocupa exclusivamente de seus estudos, sem se deixar desviar pelas mesquinhas paixões que se agitam à sua volta; que o faz seriamente, como deve fazer toda assembleia científica; que persegue o seu objetivo sem se misturar com nenhuma intriga, sem atirar pedras em ninguém, sem mesmo recolher as que lhe atiram. Sem sombra de dúvida, eis a principal causa do crédito e da consideração de que desfruta, dos quais pode sentir-se orgulhosa e que dá certo peso à sua opinião. Continuemos, senhores, por nossos esforços, por nossa prudência e pelo exemplo da união que deve existir entre os verdadeiros espíritas, a mostrar que os princípios que professamos não são para nós letra morta e que tanto pregamos pelo exemplo quanto pela teoria. Se nossas doutrinas encontram tanta ressonância é que, aparentemente, as acham mais racionais que as outras. Duvido que acontecesse o mesmo se tivéssemos professado a doutrina da intervenção exclusiva do diabo e dos demônios nas manifestações espíritas, doutrina hoje completamente ridícula, que mais excita a curiosidade do que amedronta, à exceção de algumas pessoas timoratas, que por si mesmas em breve reconhecerão a sua futilidade.

Tal qual é hoje professada, a Doutrina Espírita tem uma amplidão que lhe permite abarcar todas as questões de ordem moral; satisfaz a todas as aspirações e, pode-se dizer, ao mais exigente raciocínio, para quem quer que se dê ao trabalho de estudá-la e não esteja dominado pelos preconceitos. Ela não tem as mesquinhas restrições de certas filosofias; alarga ao infinito o círculo das ideias e ninguém é capaz de elevar mais alto o pensamento e tirar o homem da estreita esfera do egoísmo, na qual intentaram confiná-lo. Enfim, ela se apoia nos imutáveis princípios fundamentais da religião, dos quais é a demonstração patente. Eis, sem dúvida, o que lhe conquista tão numerosos partidários entre as pessoas esclarecidas de todos os países, e o que a fará prevalecer, em tempo mais ou menos próximo, e isto malgrado os seus adversários, na maioria mais opostos pelo interesse do que pela convicção. Sua marcha progressiva tão rápida, desde que entrou na via filosófica séria, é-nos garantia segura do futuro que lhe é reservado e que, como sabeis, está anunciado em toda parte. Deixemos, pois, dizer e fazer os seus inimigos; eles nada poderão fazer contra a vontade de Deus, porque nada acontece sem a sua permissão. E, como dizia outrora um eclesiástico esclarecido: "Se essas coisas acontecem, é que Deus o permite, para avivar a fé que se extingue nas trevas do materialismo."

(*Revista Espírita*: jornal de estudos psicológicos, ano 4, mai. 1861.)

CAPÍTULO X

# Discurso de Allan Kardec na S.P.E.E. durante a abertura do ano social de 1862

Senhores e caros colegas,

A Sociedade Parisiense de Estudos Espíritas começou seu quinto ano em 1º de abril de 1862 e, temos de convir, jamais o fez sob melhores auspícios. Esse fato não tem importância somente do nosso ponto de vista pessoal, mas é característico, sobretudo, do ponto de vista da Doutrina em geral, porquanto prova, de maneira evidente, a intervenção de nossas guias espirituais. Seria supérfluo lembrar a origem modesta da Sociedade, bem como as circunstâncias, de certo modo providenciais, de sua constituição, circunstâncias para as quais um Espírito eminente, então no poder e depois recolhido ao mundo dos Espíritos, nos disse ter contribuído poderosamente ele próprio.

Haveis de lembrar, senhores, que a Sociedade teve as suas vicissitudes; tinha em seu seio elementos de dissolução, provenientes da época em que se recrutava gente muito facilmente, e sua existência chegou mesmo, em certa ocasião, a ser comprometida.

## Capítulo X

Naquele momento pus em dúvida a sua utilidade real, não como simples reunião, mas como sociedade constituída. Fatigado pelas adversidades, estava resolvido a retirar-me; esperava que, uma vez livre dos entraves semeados em meu caminho, trabalharia melhor na grande obra empreendida. Fui dissuadido do meu intento por numerosas comunicações espontâneas, que me foram dadas de diferentes lugares. Entre outras, uma há, cuja substância agora me parece útil vos dar a conhecer, porque os acontecimentos justificaram as previsões. Ela estava assim concebida:

"A Sociedade formada por nós com o teu concurso é necessária; queremos que subsista e subsistirá, não obstante a má vontade de alguns, como tu o reconhecerás mais tarde. Quando existe um mal, não se cura sem crise. Assim é do pequeno ao grande: no indivíduo como nas sociedades; nas sociedades como nos povos; nos povos como o será na humanidade. Dizemos que nossa Sociedade é necessária. Quando deixar de o ser sob a forma atual, transformar-se-á, como todas as coisas. Quanto a ti, não podes nem deves te retirar. Contudo, não pretendemos subjugar o teu livre-arbítrio; apenas dizemos que a tua retirada seria um erro que um dia lamentarias, porque entravaria os nossos desígnios..."

Desde então, dois anos se passaram e, como vedes, a Sociedade felizmente superou aquela crise passageira, cujas peripécias me foram todas assinaladas, e das quais um dos resultados foi dar-nos uma lição de experiência, que aproveitamos, além de provocar medidas que não temos senão que aplaudir. Desembaraçada das preocupações inerentes ao seu estado anterior, pôde a Sociedade prosseguir livremente os seus estudos; seus progressos também foram rápidos e ela cresceu a olhos vistos, não direi numericamente, embora seja mais numerosa do que nunca, mas em importância. Oitenta e sete membros, participando das cotizações anuais, figuraram na lista do ano que findou, sem contar os sócios honorários e correspondentes. Ter-lhe-ia sido fácil dobrar, e mesmo triplicar esse número, se ela visasse a receita; bastava cercar as admissões de menos dificuldades. Ora, longe de diminuir essas dificuldades, ela as aumentou, porque, sendo uma Sociedade de estudos, não quis afastar-se dos princípios de sua instituição e porque jamais fez questão de interesses materiais. Não procurando entesourar, era-lhe indiferente ser um pouco mais, ou um pouco menos numerosa. Sua preponderância não decorre absolutamente do número de seus membros; está nas ideias que estuda, que elabora e divulga; não faz propaganda ativa; não tem agentes nem emissários; não pede a ninguém que venha a ela e, o que pode parecer extraordinário, é a essa mesma reserva que deve a sua influência. A respeito, eis o seu raciocínio: se as ideias espíritas fossem falsas, não criariam raízes, pois toda ideia falsa só tem existência passageira, mas, se são verdadeiras, prevalecerão a despeito de tudo, pela convicção; impô-las seria o pior meio de propagá-las, porque toda ideia imposta é suspeita e trai a sua fraqueza. As ideias verdadeiras devem ser aceitas pela razão e pelo bom senso; onde elas não germinam é porque a estação ainda não é propícia; é preciso esperar e limitar-se a lançar a semente ao vento, pois, mais cedo ou mais tarde, algumas cairão em terreno menos árido.

O número de membros da Sociedade é, assim, uma questão muito secundária; porque hoje, menos que nunca, ela não poderia ter a pretensão de absorver todos os adeptos; seu objetivo, por estudos conscienciosos, feitos sem preconceitos e sem partido, é o de elucidar as várias partes da ciência espírita, pesquisar as causas dos fenômenos e recolher todas as observações, suscetíveis de esclarecer o problema tão importante, tão palpitante de interesse do estado do mundo invisível, de sua ação sobre o mundo visível e das inumeráveis consequências que daí resultam para a humanidade. Por sua posição e pela multiplicidade de suas relações, ela se acha nas mais favoráveis condições para observar bem e bastante. Seu fim é, pois, essencialmente moral e filosófico, mas o que, acima de tudo, deu crédito aos seus trabalhos é a calma, a gravidade que a eles aplica; é que aí tudo é discutido friamente, sem paixão, como devem fazer as pessoas que de boa-fé buscam esclarecer-se; é porque sabem que ela só se ocupa de coisas sérias; é, enfim, a impressão que os numerosos estrangeiros, muitas vezes oriundos de países distantes, levaram da ordem e da dignidade das sessões a que assistiram.

Assim, a linha que ela seguiu dá os seus frutos. Os princípios que professa, baseados em observações conscienciosas, hoje servem de regra à imensa maioria dos espíritas. Vistes caírem, sucessivamente, a maioria dos sistemas que surgiram no começo, e apenas alguns ainda conservam raros partidários. Isto é incontestável. Quais, então, as ideias que crescem e quais as que declinam? É uma questão de fato. A Doutrina da reencarnação foi o mais controvertido dos princípios, e seus adversários nada pouparam para abrir uma brecha, nem mesmo as injúrias e grosserias, supremo argumento daqueles a quem faltam boas razões. Nem por isso deixou de fazer o seu caminho, porque se apoia numa lógica inflexível; porque sem esta alavanca nós nos defrontamos com dificuldades insuperáveis; enfim, porque nada encontraram de mais racional para o substituir.

Há, entretanto, um sistema que, mais que nunca, se firma hoje: o sistema diabólico. Na impossibilidade de negar as manifestações, pretende um partido provar que são obras exclusivas do diabo. A obstinação com que defendem tal ideia revela que não estão muito convencidos de ter razão, ao passo que os espíritas não se inquietam absolutamente com essa demonstração de forças, deixando que se gastem. Nesse momento ele ataca em todos os flancos: discursos, pequenas brochuras, grossos volumes, artigos de jornais. É um ataque geral para demonstrar o quê? Que aqueles fatos, que em nossa opinião testemunham o poder e a bondade de Deus, atestariam, ao contrário, o poder do diabo; assim, deduz-se que o diabo é mais poderoso que Deus, visto só ele poder manifestar-se. Atribuindo ao diabo tudo quanto é bom nas comunicações, retiram o bem a Deus para homenagear o demônio. Nós nos julgamos mais respeitosos para com a Divindade. Aliás, como já dissemos, os espíritas pouco se inquietam com esse motim, que terá por efeito destruir, um pouco mais cedo, o prestígio de satã.

Sem o emprego de meios materiais, e embora restrita numericamente por sua própria vontade, a Sociedade de Paris não deixou de fazer uma propaganda considerável pela força do exemplo; a prova disto é o número incalculável de grupos espíritas que se formam pelos mesmos processos, isto é, de acordo com os princípios que ela professa; é o número de sociedades regulares que se organizam e querem colocar-se sob o seu patrocínio, existentes em várias cidades da França e do estrangeiro, na Argélia, na Itália, na Áustria, no México etc. O que fizemos para isto? Fomos à sua procura? Solicitamos? Enviamos emissários, agentes? Absolutamente; nossos agentes são as obras. As ideias espíritas se espalham numa localidade; a princípio aí quase não ecoam; depois, pouco a pouco, ganham terreno; os adeptos sentem necessidade de se reunirem, menos para fazer experiências do que para conversar sobre um assunto que lhes interessa. Daí os milhares de grupos particulares, que podem ser chamados familiares. Destes, alguns adquirem maior importância numérica. Pedem-nos conselhos e, assim, insensivelmente se forma essa rede, que já fincou balizas em todos os pontos do globo.

Naturalmente, senhores, cabe aqui uma observação muito importante sobre a natureza das relações que existem entre a Sociedade de Paris e as reuniões ou sociedades fundadas sob os seus auspícios, e que seria erro considerar como sucursais. A Sociedade de Paris não tem, sobre aquelas, outra autoridade senão a da experiência, mas, como já disse em outra ocasião, não se imiscui em seus negócios; seu papel limita-se a conselhos oficiais, quando solicitados. O laço que as une é, pois, puramente moral, fundamentado na simpatia e na similitude das ideias; entre elas não há *nenhuma filiação, nenhuma solidariedade material*; a única palavra de ordem é a que deve unir todos os homens: *caridade e amor ao próximo*, palavra de ordem pacífica e que não deixa margem a dúvidas.

A maior parte dos membros da Sociedade reside em Paris; entretanto, conta alguns que residem na província ou no estrangeiro e, embora só compareçam excepcionalmente, alguns jamais vieram a Paris desde a sua fundação, mas têm a honra de pertencer aos seus quadros. Além dos membros propriamente ditos, ela tem correspondentes, mas suas relações, puramente científicas, apenas objetivam mantê-la ao corrente do Movimento Espírita nas diversas localidades e me fornecem documentos para a história do estabelecimento do Espiritismo, cujos materiais estou a recolher. Entre os adeptos, alguns há que se distinguem pelo zelo, pela abnegação e pelo devotamento à causa do Espiritismo; que pagam pessoalmente, não em palavras, mas em ações. A Sociedade sente-se feliz por lhes dar um testemunho particular de simpatia, conferindo-lhes o título de membros honorários.

Nos últimos dois anos a Sociedade tem crescido em reputação e em importância, mas os seus progressos são assinalados pela natureza das comunicações que recebe dos Espíritos. Com efeito, há algum tempo suas comunicações adquiriram proporções e desenvolvimentos que superaram de muito a nossa expectativa; já não são, como outrora, breves fragmentos de moral banal, mas dissertações, nas quais as mais altas questões de filosofia são tratadas com uma amplidão e uma profundidade que delas fazem verdadeiros discursos. Foi o que observou a maioria dos leitores da *Revista*.

Sinto-me feliz em noticiar um outro progresso, no que respeita aos médiuns. Jamais, em nenhuma outra época, os vimos tantos, participando dos nossos trabalhos, pois chegamos a ter 14 comunicações na mesma sessão. Contudo, mais preciosa que a quantidade, é a qualidade, cuja importância pode ser julgada pelas instruções que nos são dadas. Nem todos apreciam a mediunidade do mesmo ponto de vista. Uns a avaliam pelo efeito; para estes, os médiuns velozes são os mais notáveis e os melhores. Para nós, que, antes de tudo, buscamos a instrução, damos mais valor àquilo que satisfaz ao pensamento do que ao que contenta os olhos. Assim, preferimos um médium útil, com o qual aprendemos alguma coisa, a um médium admirável, com quem nada aprendemos. Sob este ponto de vista não temos por que nos lastimar e devemos agradecer aos Espíritos por terem cumprido a promessa que fizeram, de não nos deixar desprevenidos. Querendo ampliar o círculo de seus ensinos, deviam multiplicar também os instrumentos.

Há, porém, um ponto ainda mais importante, sem o qual tal ensino só teria produzido alguns frutos, ou nenhum. Sabemos que os Espíritos estão longe de possuir a soberana ciência e que se podem enganar; que, muitas vezes, emitem as próprias ideias, justas ou falsas; que os Espíritos superiores querem que o nosso julgamento se aperfeiçoe em discernir o verdadeiro do falso, o que é racional daquilo que é ilógico. Eis por que jamais aceitamos seja o que for de olhos fechados. Logo, não poderia haver ensino proveitoso sem discussão. Mas como discutir comunicações com médiuns que não admitem a menor controvérsia, que se ofendem com uma observação crítica, com um simples comentário, e ficam contrariados quando não são aplaudidos pelas coisas que recebem, mesmo aquelas eivadas das mais grosseiras heresias científicas? Essa pretensão não teria cabimento se aquilo que escrevem fosse produto de sua inteligência; é ridícula, desde que não passam de instrumentos passivos, pois se assemelham a um ator que se sentiria melindrado caso achássemos maus os versos que deve recitar. Não sendo seu próprio Espírito passível de magoar-se com uma crítica que não o atinge, é, por conseguinte, o Espírito comunicante que se sente ofendido e transmite ao médium a sua impressão. Por isso mesmo o Espírito trai a sua influência, porque quer impor suas ideias pela fé cega, e não pelo raciocínio, ou, o que vem a dar no mesmo, porque só ele quer raciocinar. Disso resulta que o médium que se acha em tais disposições está sob o império de um Espírito que merece pouca confiança, desde que exibe mais orgulho que saber. Sabemos, também, que os Espíritos dessa categoria geralmente afastam os médiuns dos centros onde não são aceitos sem reservas.

Essa imperfeição, em médiuns assim atingidos, é um enorme obstáculo ao estudo. Se não buscássemos senão o efeito, isto não teria importância para nós, mas como buscamos a instrução, não podemos nos eximir de discutir, mesmo com o risco de desagradar aos médiuns. Como sabeis, outrora alguns se retiravam por este motivo, embora não confessado, e porque não conseguiram impor-se perante a Sociedade como médiuns exclusivos e como intérpretes infalíveis das potências celestes. Aos seus olhos, os obsedados são aqueles que não se inclinam diante de suas comunicações. Alguns levam a sua suscetibilidade a ponto de se escandalizarem com a prioridade dada à leitura das comunicações recebidas por outros médiuns. Quando é que uma comunicação é preferida à sua? Compreende-se o mal-estar imposto por tal situação. Felizmente, no interesse da ciência espírita, nem todos são assim, e me apresso em aproveitar a ocasião para, em nome da Sociedade, agradecer aos que hoje nos prestam o seu concurso com tanto zelo e devotamento, sem calcular esforço nem tempo e que, não tomando partido por suas comunicações, são os primeiros a não fugirem da controvérsia que podem provocar.

Em resumo, senhores, só podemos congratular-nos pelo estado da Sociedade, do ponto de vista moral; ninguém há que não tenha observado notável diferença no espírito dominante, em comparação ao que era no princípio, e cada um sente instintivamente a impressão, traduzida em muitas circunstâncias por fatos positivos. É incontestável que aí reina menos mal-estar e constrangimento, enquanto se faz sentir um sentimento de mútua benevolência. Parece que os Espíritos trapalhões, vendo a sua impotência para semear a desconfiança, tomaram o sábio partido de retirar-se. Também só podemos aplaudir a feliz ideia de vários membros de organizarem reuniões particulares em suas casas. Elas têm a vantagem de estabelecer relações mais íntimas; além disso, são centros para uma porção de pessoas que não podem vir à Sociedade. Aí podem ter uma primeira iniciação; podem fazer numerosas observações que, depois, convergem para o centro comum. Enfim, são laboratórios para a formação de médiuns. Agradeço muito sinceramente às pessoas que me honraram oferecendo a sua direção, mas isso me era materialmente impossível. Lamento mesmo muito não poder estar aí tanto quanto desejaria. Conheceis minha opinião a respeito dos grupos particulares; assim, faço votos por sua multiplicação, na Sociedade ou fora dela, em Paris ou alhures, porque são os agentes mais ativos da propaganda.

Do ponto de vista material, nosso tesoureiro vos explicou a situação da Sociedade. Sabeis perfeitamente, senhores, que o nosso orçamento é muito simples; como não procuramos capitalizar, basta que haja equilíbrio entre o ativo e o passivo.

Peçamos, pois, aos bons Espíritos e, em particular, ao nosso presidente espiritual, São Luís, que continuem a nos prestar a sua benevolente proteção, concedida tão ostensivamente até hoje e da qual nos esforçaremos cada vez mais por nos tornarmos dignos.

Resta-me, senhores, chamar a vossa atenção para uma coisa importante. Quero falar do emprego dos *dez mil francos* que me foram enviados há cerca de dois anos por um assinante da *Revista Espírita*, que quis guardar o anonimato. Certamente vos lembrais de que esse donativo, a ser empregado no interesse do Espiritismo, foi-me entregue pessoalmente, sem formalidades especiais, sem recibo e sem que eu devesse prestar contas a quem quer que fosse.

Comunicando à Sociedade essa feliz circunstância, declarei, na sessão de 17 de fevereiro de 1860, que não pretendia prevalecer-me daquela prova de confiança e que, para minha própria satisfação, desejava que aquele fundo fosse submetido a um controle. E acrescentei: "Esta soma formará o primeiro fundo de uma *caixa especial*, sob o nome de *caixa do Espiritismo,* e que nada terá em comum com os meus negócios pessoais. Será posteriormente aumentada com as somas que lhe puderem chegar de outras fontes e destinada exclusivamente às necessidades da Doutrina e ao desenvolvimento das ideias espíritas. Um de meus primeiros cuidados será suprir o que estiver faltando materialmente à Sociedade para a regularidade de seus trabalhos e para a criação de uma *biblioteca especial.* Pedi a vários colegas que aceitassem o controle dessa caixa e verificassem, em datas que serão determinadas posteriormente, o útil emprego desse fundo."

Essa comissão, hoje parcialmente desfeita pelas circunstâncias, será completada quando for necessário; então, todos os documentos lhe serão fornecidos. Enquanto aguardamos, e, tendo em vista a absoluta liberdade que me foi concedida, julguei conveniente aplicar essa soma no desenvolvimento da Sociedade. É a vós, senhores, que julgo dever prestar contas da situação, tanto para desobrigar-me pessoalmente, quanto para a vossa edificação. Insisto, sobretudo, para que bem se compreenda a impossibilidade material de usar esse fundo em despesas cuja urgência se faz sentir cada vez mais, em razão da própria extensão dos trabalhos que reclama o Espiritismo.

Como sabeis, senhores, a Sociedade sentia vivamente os inconvenientes de não ter um local especial para as sessões e onde seus arquivos pudessem estar à mão. Para trabalhos como os nossos é preciso, por assim dizer, um local consagrado, onde nada possa perturbar o recolhimento. Cada um deplorava a necessidade em que nos encontrávamos de nos reunirmos num estabelecimento público, em desarmonia com a seriedade de nossos estudos. Desse modo, julguei fazer uma coisa útil, proporcionando-lhe os meios de dispor de um local mais conveniente, com o auxílio dos fundos que havia recebido.

Por outro lado, o progresso do Espiritismo traz à minha casa um número cada vez maior de visitantes, nacionais e estrangeiros, número que pode ser calculado em mil e duzentos a mil e quinhentos por ano, sendo preferível recebê-los na própria sede da Sociedade, nela concentrando todos os negócios e todos os documentos relativos ao Espiritismo.

Quanto a mim, acrescentarei que, consagrando-me inteiramente à Doutrina, tornava-se de certo modo necessário, para evitar perda de tempo, que aí tivesse o meu domicílio ou, pelo menos, uma pousada. Para mim pessoalmente não havia a menor necessidade, pois tenho um apartamento que nada me custa, mais agradável sob todos os aspectos, e onde habito tanto quanto mo permitem minhas ocupações. Um segundo apartamento teria sido uma despesa inútil e onerosa. Assim, sem o Espiritismo, eu estaria tranquilamente em casa, na avenida Ségur, e não aqui, obrigado a trabalhar da manhã à noite e, muitas vezes, da noite à manhã, sem mesmo poder repousar um pouco, o que me seria bastante necessário. Sabeis que sou sozinho para dar conta de uma tarefa cuja extensão dificilmente as pessoas imaginam, e que necessariamente aumenta com o desenvolvimento da Doutrina.

Este apartamento reúne as vantagens desejáveis por suas disposições internas e sua situação central. Sem nada ter de

## Capítulo X

suntuoso, é muito conveniente; mas sendo os recursos da Sociedade insuficientes para pagar o aluguel integralmente, vi-me forçado a completá-lo com os fundos da doação. Sem isto a Sociedade teria de permanecer na situação precária acanhada e incômoda em que antes se achava. Graças a esse suplemento, foi possível imprimir aos seus trabalhos desenvolvimentos prontamente acolhidos pela opinião pública, de maneira vantajosa e proveitosa para a Doutrina. É, pois, o emprego passado e a destinação futura dos fundos da doação que julgo dever comunicar-vos.

O aluguel do apartamento custa 2.500 francos por ano e, com os acessórios, 2.530 francos. As contribuições perfazem 198 francos, totalizando 2.728 francos. A Sociedade paga de sua parte 1.200 francos; resta, pois, a completar, uma diferença de 1.528 francos.

O contrato foi feito por três anos, seis ou nove, a contar de 1º de abril de 1860. Calculando-o por apenas seis anos a 1.528 francos, temos 9.168 francos, ao que devemos acrescentar 900 francos para a compra de móveis e despesas de instalação; para doações e auxílios diversos, 80 francos. Total das despesas: 10.148 francos, sem contar os imprevistos, a pagar com o capital de 10.000 francos.

Portanto, no fim do contrato, isto é, daqui a quatro anos, haverá um excedente de despesa. Vedes, senhores, que não podemos desviar a menor soma, se quisermos chegar ao fim. Que faremos, então? Aquilo que Deus e os bons Espíritos quiserem, e que não me inquietasse, conforme me disseram estes últimos.

Quero frisar que a importância destinada à compra do material e às despesas de instalação não ultrapassa 900 francos, soma que gastei rigorosamente do capital. Se tivéssemos de adquirir todo o mobiliário aqui existente — refiro-me apenas às peças de recepção —, haveria necessidade de três ou quatro vezes mais e, então, a Sociedade, em vez de seis anos de contrato, teria apenas três anos de aluguel. É, pois, o meu mobiliário pessoal que constitui a maior parte e que, devido ao uso, vem se desgastando severamente.

Em resumo, esta soma de 10.000 francos, que alguns julgavam inesgotável, acha-se quase inteiramente absorvida pelo aluguel que, antes de tudo, importava garantir por certo tempo, sem que tivesse sido possível desviar uma parte para outros fins, principalmente para a compra de obras antigas e modernas, francesas e estrangeiras, necessárias à formação de uma grande biblioteca espírita, como era projeto meu. Este único objetivo não teria custado menos de 3.000 a 4.000 francos.

Disso resulta que, exceto o aluguel, todas as despesas, tais como viagens e uma porção de gastos necessários ao Espiritismo, e que não chegam a menos de 2.000 francos por ano, estão pessoalmente a meu cargo, soma que não deixa de ser importante num orçamento restrito, que só se salda à custa de ordem, economia e mesmo de privações.

Não creiais, senhores, que eu queira conquistar méritos; assim agindo, sei que sirvo a uma causa, junto à qual a vida material nada é e pela qual estou pronto a sacrificar a minha. Talvez um dia eu tenha imitadores; aliás, estou bem recompensado pela visão dos resultados obtidos. Só lamento uma coisa: a exiguidade de meus recursos não me permite fazer mais. Com suficientes meios de execução, bem empregados, com ordem e em coisas verdadeiramente úteis, avançaríamos meio século no estabelecimento definitivo da Doutrina.

(*Revista Espírita*: jornal de estudos psicológicos, ano 5, jun. 1862.)

## CAPÍTULO XI

# A luta entre o passado e o futuro

Como já nos havia sido anunciado, neste momento acontece uma verdadeira cruzada contra o Espiritismo. De vários pontos assinalam-se escritos, discursos e até atos de violência e de intolerância. Todos os espíritas devem regozijar-se, porque é a prova evidente de que o Espiritismo não é uma quimera. Fariam tanto barulho por causa de uma mosca que voa?

O que acima de tudo excita essa grande cólera é a prodigiosa rapidez com que a ideia nova se propaga, não obstante tudo quanto fizeram para detê-la. Assim, nossos adversários, forçados pela evidência a reconhecer que esse progresso invade as camadas mais esclarecidas da sociedade e, até mesmo, homens de ciência, estão reduzidos a deplorar esse arrastamento fatal, que conduz a sociedade inteira aos manicômios. A zombaria esgotou seu arsenal de piadas e sarcasmos, e esta arma, que se diz tão terrível, não conseguiu pôr os galhofeiros de seu lado, prova de que não há matéria para riso. Não é menos evidente que não desviou um só partidário da Doutrina; longe disso: eles aumentaram a olhos vistos. A razão é muito simples: reconheceu-se prontamente tudo quanto há de profundamente religioso nessa Doutrina, que toca as fibras mais sensíveis do coração, que eleva a alma ao infinito, que faz reconhecer Deus àqueles que o haviam desconhecido. Arrancou tantos homens do desespero, acalmou tantas dores, cicatrizou tantas feridas morais, que as anedotas estúpidas e vulgares a ela atiradas inspiraram mais repulsa que simpatia. Em vão os zombadores deitaram os bofes pela boca para provocar o riso à sua custa. Há coisas das quais sentimos instintivamente que não podemos rir sem cometer um sacrilégio.

Se algumas pessoas, todavia, não conhecendo a Doutrina senão pelas facécias dos engraçadinhos, tivessem imaginado que não se tratava de um sonho vão, de lucubrações de um cérebro doentio, o que se passa é bem feito para os desiludir. Ouvindo tanto discurso furibundo, devem dizer de si para si que é mais sério do que pensavam.

A população pode dividir-se em três classes: os crentes, os incrédulos e os indiferentes. Se o número de crentes centuplicou em alguns anos, só pode ter sido à custa das duas outras categorias. Mas os Espíritos que dirigem o Movimento acharam que as coisas não caminhavam bastante depressa. Ainda há, disseram eles, muita gente que não ouviu falar de Espiritismo, sobretudo no campo; é tempo de a Doutrina ali penetrar. Além disso, é preciso despertar os indiferentes entorpecidos. A zombaria fez o seu papel de propaganda involuntária, mas esgotou todas as flechas de sua aljava; e os dardos que ainda lança estão rombudos; agora é um fogo muito pálido. É preciso algo de mais vigoroso, que faça mais barulho que os folhetins e que repercuta até nas solidões; é preciso que o último vilarejo ouça falar do Espiritismo. Quando a artilharia ribombar, cada um perguntará: "O que há?" e quererá ver.

Quando fizemos a pequena brochura: *O espiritismo na sua expressão mais simples*, perguntamos aos nossos guias espirituais que efeito ela produziria. Responderam-nos: "Produzirá um efeito que não esperas, isto é, teus adversários ficarão furiosos de ver uma publicação destinada, por seu baixíssimo preço, a espalhar-se na massa e penetrar em toda parte. Já te foi anunciado um grande desdobramento de hostilidades; tua brochura será o sinal. Não te preocupes; já conheces o fim. Eles se irritam em face da dificuldade de refutar teus argumentos." Já que é assim, dizemos nós, essa brochura, que deveria ser vendida a 25 centavos, sê-lo-á por dois *sous*.[5] O acontecimento justificou essas previsões e nós nos congratulamos por isso.

Aliás, tudo o que se passa foi previsto e devia ser para o bem da causa. Quando virdes uma grande manifestação hostil, longe de vos apavorardes, regozijai-vos, pois foi dito: o ribombar do trovão será o sinal da aproximação dos tempos preditos. Orai, então, meus irmãos; orai, sobretudo, pelos vossos inimigos, pois serão tomados de verdadeira vertigem...

Nem tudo, porém, ainda está realizado. As chamas da fogueira de Barcelona não subiram bastante. Se se repetir em algum lugar, guardai-vos de a extinguir, porquanto, quanto mais se elevar, mais será vista de longe, como um farol, e ficará na lembrança das idades. Não intervenhais, pois, nem oponhais violência em parte alguma; lembrai-vos de que o Cristo disse a Pedro que embainhasse a espada. Não imiteis as seitas que se entredilaceram em nome de um Deus de paz, que cada um invoca em auxílio de seus furores. A verdade não se prova pelas perseguições, mas pelo raciocínio; em todos os tempos as perseguições foram as armas das causas más e dos que tomam o triunfo da força bruta pela razão. A perseguição não é um bom meio de persuasão; pode momentaneamente abater o mais fraco; convencê-lo, jamais. Porque, mesmo no infortúnio em que tiver

---

[5] N.T.: Antiga moeda de cobre ou de níquel; corresponderia a cerca de cinco centavos de franco francês.

sido mergulhado, exclamará, como Galileu na prisão: *e pur si move*![6] Recorrer à perseguição é provar que se conta pouco com a força da lógica. Jamais useis de represálias: à violência oponde a doçura e uma inalterável tranquilidade; aos vossos inimigos retribui o mal com o bem. Por aí dareis um desmentido às suas calúnias e os forçareis a reconhecer que vossas crenças são melhores do que eles dizem.

A calúnia! direis. Podemos ver com indiferença nossa Doutrina indignamente deturpada por mentiras? Acusada de dizer o que não diz, ensinar o contrário do que ensina, produzir o mal, quando só produz o bem? A própria autoridade dos que usam tal linguagem não pode falsear a opinião e retardar o progresso do Espiritismo?

Incontestavelmente, eis o seu objetivo. Alcançá-lo-ão? É outra questão; e não hesitamos em dizer que chegarão a um resultado inteiramente contrário: o de se desacreditarem e à sua própria causa. Sem dúvida, a calúnia é uma arma perigosa e pérfida, mas tem dois gumes e fere sempre a quem dela se serve. Recorrer à mentira para se defender é a prova mais forte de que não se têm boas razões para dar, porquanto, se as tivessem, não deixariam de as fazer valer. Dizei que uma coisa é má, se tal for a vossa opinião; gritai-o de cima dos telhados, se for do vosso agrado: ao público cabe julgar se estais certos ou errados. Mas deturpá-la para apoiar o vosso sentimento, desnaturá-la é indigno de todo homem que se respeita. Na crítica das obras dramáticas e literárias, muitas vezes se veem apreciações opostas. Um crítico elogia sem reservas o que outro expõe ao ridículo; é direito seu. Mas o que pensar daquele que, para sustentar a sua censura, fizesse o autor dizer o que não diz e lhe atribuísse maus versos para provar que sua poesia é detestável?

---

[6] N.T.: A expressão italiana correta é: *e pur si muove!*, embora no original esteja move.

Assim acontece com os detratores do Espiritismo. Pelas calúnias revelam a fraqueza de sua própria causa e a desacreditam, mostrando a que lamentáveis extremos são obrigados a recorrer para a sustentar. Que peso pode ter uma opinião fundada em erros manifestos? De duas, uma: ou esses erros são voluntários e, pois, há má-fé, ou são involuntários e o autor prova a sua inconsequência, falando do que não sabe. Num e noutro caso ele perde todo o direito à confiança.

O Espiritismo não é uma Doutrina que marche na sombra. É conhecido e seus princípios são formulados de maneira clara, precisa e sem ambiguidades. A calúnia, portanto, não poderia atingi-lo. Para a convencer de impostura, basta dizer: lede e vede. Sem dúvida, é útil desmascará-la, mas é preciso fazê-lo com calma, sem azedume nem recriminação, limitando-se a opor, sem discursos supérfluos, o que é ao que não é. Deixai aos vossos adversários a cólera e as injúrias; guardai para vós o papel da força verdadeira: o da dignidade e da moderação.

Aliás, é preciso não exagerar as consequências dessas calúnias, que trazem consigo o antídoto de seu veneno e são, em última análise, mais vantajosas que prejudiciais. Elas provocam forçosamente o exame dos homens sérios, que querem julgar as coisas por si mesmos e a isso são animados em razão da importância que lhes é dada. Ora, longe de temer o exame, o Espiritismo o provoca e não lamenta senão uma coisa: que tanta gente fale dele como os cegos das cores. Mas, graças aos cuidados que os nossos adversários tomam em torná-lo conhecido, em breve este inconveniente não existirá mais; isto é tudo o que pedimos. A calúnia que ressalta de um tal exame o engrandece, ao invés de diminuí-lo.

Espíritas, não lamenteis, pois, essas deturpações, porque elas não tiram nenhuma das qualidades do Espiritismo; ao contrário, fá-lo-ão sobressair com mais brilho pelo contraste e

## Capítulo XI

confundirão os caluniadores. É bem possível que tais mentiras possam ter o efeito imediato de iludir certas pessoas e, mesmo, afastá-las. Mas o que é isso? Que são alguns indivíduos junto às massas? Vós mesmos sabeis quanto o seu número é pouco considerável. Que influência pode ter isto no futuro? Esse futuro vos está assegurado: os fatos realizados o respondem e cada dia vos trazem a prova da inutilidade dos ataques de nossos adversários. A doutrina do Cristo não foi caluniada, qualificada de subversiva e ímpia? Ele mesmo não foi tratado como velhaco e impostor? Inquietou-se por isto? Não, pois sabia que seus inimigos passariam e sua doutrina ficaria. Assim será com o Espiritismo. Singular coincidência! É apenas o retorno à pura Lei do Cristo, e o atacam com as mesmas armas! Mas os seus detratores passarão; é uma necessidade à qual ninguém pode subtrair-se. A geração atual se extingue todos os dias e, com ela, vão-se os homens imbuídos dos preconceitos de outra época; a que surge é alimentada por ideias novas e, aliás, sabeis que ela se compõe de Espíritos mais adiantados que, enfim, devem fazer reinar a Lei de Deus na Terra. Olhai, pois, as coisas de mais alto; não as vejais do ponto de vista acanhado do presente, mas deitai o olhar para o futuro e dizei: o futuro é nosso; que nos importa o presente? Que são as questões pessoais? As pessoas passam, mas as instituições permanecem. Pensai que estamos num momento de transição, que assistimos à luta entre o passado, que se debate e puxa para trás, e o futuro, que nasce e empurra para a frente. Quem vencerá? O passado é velho e caduco — falamos das ideias —, enquanto o futuro é jovem e marcha para a conquista do progresso, que está nas Leis de Deus. Vão-se os homens do passado; chegam os do futuro. Saibamos, pois, esperar com confiança e nos congratulemos por sermos os pioneiros encarregados de desbravar o terreno. Se tivermos trabalho, teremos salário. Trabalhemos, pois, não por uma propaganda furibunda e irrefletida, mas com a paciência e a perseverança do trabalhador que sabe o tempo que lhe falta para aguardar a ceifa. Sememos a ideia, mas não comprometamos a colheita por uma semeadura intempestiva e por nossa impaciência, antecipando a estação apropriada a cada coisa. Cultivemos, acima de tudo, as plantas férteis, que não pedem senão para germinar. Elas são bastante numerosas para ocupar todos os nossos instantes, sem consumir nossas forças contra os rochedos inamovíveis, que Deus se encarrega de abalar ou de remover quando chegar o tempo, porque se Ele tem o poder de elevar montanhas, também tem o de as rebaixar. Deixemos a figura e digamos claramente que há resistências que será supérfluo tentar vencer e que se obstinam mais por amor-próprio ou por interesse do que por convicção. Seria perder tempo procurar trazê-las a nós; elas só cederão perante a força da opinião. Recrutemos os adeptos entre gente de boa vontade, que não falta; aumentemos a falange com todos os que, fatigados pela dúvida e aterrorizados com o nada materialista, pedem apenas para crer, e logo seu número será tal que os outros acabarão por se render à evidência. Já se manifesta o resultado; esperai, pois em pouco vereis em vossas fileiras aqueles que só esperáveis no final.

(*Revista Espírita*: jornal de estudos psicológicos, ano 6, mar. 1863.)

CAPÍTULO XII

# Falsos irmãos e amigos inábeis

Como demonstramos em nosso artigo precedente, nada poderia prevalecer contra o destino providencial do Espiritismo. Do mesmo modo que ninguém pode impedir a queda daquilo que, pelos decretos divinos — homens, povos ou coisas —, deve cair, ninguém pode deter a marcha daquilo que tem de avançar. Em relação ao Espiritismo, esta verdade ressalta dos fatos realizados e, muito mais ainda, de outro ponto capital. Se o Espiritismo fosse uma simples teoria, um sistema, poderia ser combatido por outro sistema, mas repousa sobre uma Lei da natureza, tão bem quanto o movimento da Terra. A existência dos Espíritos é inerente à espécie humana; não se pode impedir que existam, como não se lhes pode impedir a manifestação, do mesmo modo que não se impede o homem de marchar. Para isso não necessitam de nenhuma permissão e se riem de toda proibição, pois não se deve perder de vista que, além das manifestações mediúnicas propriamente ditas, há manifestações naturais e espontâneas, que se produziram em todos os tempos e que se produzem diariamente num grande número de pessoas que jamais ouviu falar de Espíritos. Quem, pois, poderia opor-se ao desenvolvimento de uma Lei da natureza? Sendo obra de Deus, insurgir-se contra ela é revoltar-se contra Deus. Estas considerações explicam a inutilidade dos ataques dirigidos contra o Espiritismo. O que os espíritas têm a fazer em presença dessas agressões é continuar pacificamente seus trabalhos, sem fanfarrice, com a calma e a confiança dadas pela certeza de chegar ao fim.

Se nada, todavia, pode deter a marcha geral, há circunstâncias que podem provocar entraves parciais, como uma pequena barragem pode retardar o curso de um rio, sem o impedir de correr. Deste número são as atitudes irrefletidas de certos adeptos, mais zelosos que prudentes, que não calculam bem o alcance de seus atos ou de suas palavras, produzindo, por isso mesmo, uma impressão desfavorável sobre as pessoas ainda não iniciadas na Doutrina, mais própria a afastá-las que as diatribes dos adversários. Sem dúvida o Espiritismo está muito espalhado; contudo, estaria ainda mais se todos os adeptos tivessem seguido os conselhos da prudência e guardado uma prudente reserva. Sem dúvida é preciso levar-lhes em conta a intenção, mas é certo que mais de um tem justificado o provérbio: *Mais vale um inimigo confesso que um amigo inconveniente*. O pior disto é fornecer armas aos adversários, que sabem explorar habilmente uma inconveniência. Nunca seria demais recomendar aos espíritas que refletissem maduramente antes de agir. Em tais casos manda a prudência não confiar em sua opinião pessoal. Hoje, que de todos os lados se formam grupos ou sociedades, nada mais simples que se pôr de acordo antes de agir. Não tendo em vista senão o bem da causa, o verdadeiro espírita sabe fazer abnegação do amor-próprio. Crer em sua própria infalibilidade, recusar o conselho da maioria e persistir num caminho que se demonstra mau e comprometedor não é a atitude de um verdadeiro espírita. Seria dar prova de orgulho, se não de obsessão.

Entre as inabilidades é preciso colocar em primeira linha as publicações intempestivas ou excêntricas, por serem os fatos de maior repercussão. Nenhum espírita ignora que os Espíritos estão longe de possuir a soberana ciência; muitos dentre eles sabem menos que certos homens e, como certos homens também, têm a pretensão de tudo saber. Sobre todas as coisas têm sua opinião pessoal, que pode ser justa ou falsa. Ora, ainda como os homens, em geral os que têm ideias mais falsas são os mais obstinados. Esses pseudossábios falam de tudo, constroem sistemas, criam utopias ou ditam as coisas mais excêntricas, sentindo-se felizes quando encontram intérpretes complacentes e crédulos que lhes aceitam as elucubrações de olhos fechados. Esse tipo de publicação tem grave inconveniente, pois o médium, iludido e muitas vezes seduzido por um nome apócrifo, tem-na como coisa séria, de que se apodera a crítica prontamente para denegrir o Espiritismo, ao passo que, com menos presunção, bastaria que se tivesse aconselhado com os colegas para ser esclarecido. É muito raro, neste caso, que o médium não ceda às injunções de um Espírito que, ainda como certos homens, quer ser publicado a qualquer preço. Com mais experiência ele saberia que os Espíritos verdadeiramente superiores aconselham, mas não impõem nem adulam jamais, e que toda prescrição imperiosa é um sinal suspeito.

Quando o Espiritismo estiver completamente implantado e conhecido, as publicações desta natureza não terão mais inconvenientes que os maus tratados de Ciência em nossos dias. Mas, repetimos, no começo elas incomodam muito. Em matéria de publicidade, portanto, toda circunspeção é pouca e não se calcularia com bastante cuidado o efeito que talvez produzisse sobre o leitor. Em resumo, é um grave erro crer-se obrigado a publicar tudo quanto ditam os Espíritos, porque, se os há bons e esclarecidos, também os há maus e ignorantes. Importa fazer uma

## Capítulo XII

escolha muito rigorosa de suas comunicações e suprimir tudo quanto for inútil, insignificante, falso ou suscetível de produzir má impressão. É preciso semear, sem dúvida, mas semear a boa semente e em tempo oportuno.

Passemos a um assunto ainda mais grave: *os falsos irmãos*. Os adversários do Espiritismo — alguns pelo menos, já que pode haver os de boa-fé — não são, como se sabe, tão escrupulosos quanto à escolha dos meios. Para eles toda luta é válida; e quando não podem tomar uma fortaleza de assalto, minam-na. Em falta de boas razões, que são armas leais, vemo-los todos os dias vomitar mentiras e calúnias sobre o Espiritismo. A calúnia é odiosa, bem o sabem, e a mentira pode ser desmentida; assim, procuram fatos para justificar-se. Mas como encontrar fatos comprometedores entre pessoas sérias, senão os produzindo mesmo ou pelos filiados? Como vimos, o perigo não está no ataque aberto, nem nas perseguições, nem mesmo na calúnia. Está nas intrigas ocultas empregadas para desacreditar e arruinar o Espiritismo por si mesmo. Serão bem-sucedidos? É o que vamos examinar agora.

Já chamamos a atenção para essa manobra no relatório de nossa viagem de 1862, porque, em nosso caminho, recebemos três beijos de judas, com os quais não nos enganamos, embora não nos tivéssemos manifestado. Aliás, tínhamos sido prevenidos, antes de nossa partida, das armadilhas que nos seriam estendidas. Mas ficamos de olho, certos de que um dia seriam desmascarados, porque é tão difícil a um falso espírita, quanto a um mau Espírito, simular um Espírito superior. Nem um nem outro podem sustentar por muito tempo o seu papel.

De várias localidades nos indicam criaturas, homens e mulheres de antecedentes e ligações suspeitas, cujo aparente zelo pelo Espiritismo apenas inspira uma medíocre confiança e não nos surpreendemos de aí encontrar os três judas de que falamos: eles existem nas baixas e nas altas camadas. Da parte deles é muitas vezes mais que zelo; é entusiasmo, uma admiração fanática. Em sua opinião, seu devotamento vai até o sacrifício de seus interesses e, apesar disso, não atraem simpatias: um fluido malsão parece envolvê-los e sua presença nas reuniões lança um manto de gelo. Acrescente-se que existem alguns, cujos meios de subsistência *se tornam* um problema, sobretudo na província, onde todo mundo se conhece.

 O que caracteriza principalmente esses pretensos adeptos é a tendência a fazer o Espiritismo sair dos caminhos da prudência e da moderação por seu ardente desejo do triunfo da verdade; a estimular as publicações excêntricas; a extasiar-se de admiração ante as comunicações apócrifas mais ridículas, e que têm o cuidado de espalhar; a provocar nas reuniões assuntos comprometedores sobre política e religião, sempre pelo triunfo da verdade, que não pode ficar debaixo do alqueire; seus elogios aos homens e às coisas são bajulações de arrepiar: são os fanfarrões do Espiritismo. Outros são mais afetados e hipócritas; com olhar oblíquo e palavras melífluas, sopram a discórdia enquanto pregam a união. Suscitam com habilidade a discussão de questões irritantes ou ferinas, capazes de provocar dissidências. Excitam uma inveja de predominância entre os vários grupos e ficariam contentíssimos se os vissem a se apedrejarem e, em favor de algumas divergências de opinião sobre certas questões de forma ou de fundo, geralmente provocadas, erguem bandeira contra bandeira.

 Alguns, ao que dizem, contraem enorme despesa com livros espíritas, de que os livreiros não se dão conta, e uma excessiva propaganda. Mas, por obra do acaso, a escolha de seus adeptos é infeliz; uma fatalidade os leva a se dirigirem de preferência a pessoas exaltadas, de ideias obtusas ou que já deram sinais de aberração; depois de um insucesso que deploram gritando em toda parte, constata-se que essa gente se ocupava do Espiritismo, do qual, a maior parte do tempo, não entendia patavina. Aos

## Capítulo XII

livros espíritas que esses zelosos apóstolos distribuem generosamente, muitas vezes adicionam, não críticas, pois seria falta de habilidade, mas livros de *magia e feitiçaria* ou escritos políticos pouco ortodoxos, ou ignóbeis diatribes contra a religião, a fim de que, surgindo um malogro qualquer, fortuito ou não, se possa confundir tudo numa verificação posterior.

Como é mais cômodo ter as coisas à mão, para ter comparsas dóceis, o que não se encontra em toda parte, alguns organizam ou fazem organizar reuniões onde se ocupam de preferência daquilo que o Espiritismo recomenda não se ocuparem, e onde se tem o cuidado de atrair estranhos, que nem sempre são amigos. Aí o sagrado e o profano estão indignamente confundidos; os mais venerados nomes são associados às mais ridículas práticas da magia negra, acompanhadas de sinais e palavras cabalísticas, talismãs, tripés sibilinos e outros acessórios. Alguns acrescentam, como complemento, e por vezes visando ao lucro, a cartomancia, a quiromancia, a borra de café, o sonambulismo pago etc. Espíritos complacentes, que aí encontram intérpretes não menos complacentes, predizem o futuro, leem a buena-dicha, descobrem tesouros ocultos e tios na América e, caso necessário, indicam a cotação da Bolsa e os números premiados da loteria. Depois, um belo dia, a justiça intervém ou lemos num jornal a descrição de uma sessão de Espiritismo à qual o autor assistiu e conta o que viu com os próprios olhos.

Tentareis trazer toda essa gente a ideias mais sãs? Seria trabalho perdido, e compreende-se o motivo: a razão e o lado sério da Doutrina não lhes interessa; é o que mais os contraria; dizer-lhes que prejudicam a causa, que fornecem armas aos inimigos é lisonjeá-los; seu objetivo é desacreditá-la, tendo o ar de a defender. Instrumentos, não temem comprometer os outros, fazendo que sofram os rigores da lei, nem a si mesmos, pois sabem encontrar uma compensação.

Nem sempre seu papel é idêntico; varia conforme a posição social, as aptidões, a natureza de suas relações e o elemento que os faz agir, embora o fim seja sempre o mesmo. Nem todos empregam meios tão grosseiros, mas não menos pérfidos. Lede certas publicações que se dizem simpáticas à ideia, mesmo as que aparentam defendê-la; examinai todos os pensamentos e vede se, às vezes, ao lado de uma aprovação posta à guisa de cobertura e de etiqueta, não descobris, como que lançado ao acaso, um pensamento insidioso, uma insinuação de duplo sentido, um fato relatado de modo ambíguo e que pode ser interpretado num sentido desfavorável. Entre estes, uns são menos velados e, sob o manto do Espiritismo, visam suscitar divisões entre os adeptos.

Certamente perguntarão se todas as torpezas de que acabamos de falar se devem, invariavelmente, a manobras ocultas ou a uma comédia com fim interesseiro, ou se, também, não podem resultar de um movimento espontâneo; numa palavra, se todos os espíritas são homens de bom senso e incapazes de se enganar.

Pretender que todos os espíritas sejam infalíveis seria tão absurdo quanto a pretensão dos nossos adversários de deterem o privilégio exclusivo da razão. Mas se alguns se enganam, é que se equivocam quanto ao sentido e ao fim da Doutrina. Neste caso sua opinião não pode fazer lei, e é ilógico e desleal, conforme a intenção, tomar a ideia individual pela ideia geral e explorar uma exceção. Seria o mesmo que tomar as aberrações de alguns sábios como regras da Ciência. A esses diremos: se quiserdes saber de que lado está a presunção de verdade, estudai os princípios admitidos pela imensa maioria, se não, ainda, pela unanimidade absoluta dos espíritas do mundo inteiro.

Podem, pois, os crentes de boa-fé enganar-se, e não os incriminamos por não pensarem como nós. Se, entre as torpezas relatadas acima, algumas não passassem de opinião pessoal, nelas não veríamos senão desvios isolados, lamentáveis; seria, porém, injusto responsabilizar a Doutrina, que as repudia abertamente. Mas se dizemos que pode ser o resultado de manobras interesseiras, é que nosso quadro é feito sobre modelos. Ora, como é a única coisa que o Espiritismo tem realmente a temer no momento, convidamos todos os adeptos sinceros a se porem em guarda, evitando as armadilhas que lhes poderiam estender. Para tanto, jamais seriam bastante circunspetos na escolha dos elementos a introduzir nas reuniões, nem repeliriam com excessivo cuidado as sugestões que tendessem a desnaturar o caráter essencialmente moral. Mantendo nisto a ordem, a dignidade e a gravidade que convêm a homens sérios, que se ocupam com coisas sérias, fecharão o acesso aos mal-intencionados, que se retirarão quando reconhecerem que aí nada têm a fazer. Pelos mesmos motivos, devem declinar de toda solidariedade com as reuniões formadas fora das condições prescritas pela sã razão e os verdadeiros princípios da Doutrina, se não os puderem conduzir ao bom caminho.

Como se vê, há certamente uma grande diferença entre os falsos irmãos e os amigos inábeis, mas, sem o querer, o resultado pode ser o mesmo: desacreditar a Doutrina. A nuança que os separa frequentemente está apenas na intenção, o que, por vezes, poderia confundi-los, e, vendo-os servir os interesses do partido contrário, supor que por este foram conquistados. A circunspeção, pois, sobretudo neste momento, é mais necessária que nunca, porquanto não devemos esquecer que palavras, ações ou escritos inconsiderados são explorados, e que os adversários estão satisfeitíssimos por poderem dizer que isto vem dos espíritas.

Neste estado de coisas, compreende-se que armas a especulação, tendo em vista os abusos que pode suscitar, haverá de oferecer aos detratores para apoiar a acusação de charlatanice. Em certos casos, portanto, isto pode ser uma armadilha, da qual se deve desconfiar. Ora, como não há charlatanice filantrópica, a abnegação e o desinteresse absolutos dos médiuns tiram aos detratores um de seus mais poderosos meios de denegrir, cortando pela raiz toda discussão a respeito.

Levar a desconfiança ao excesso seria um grave erro, sem dúvida, mas, em tempos de luta e quando se conhece a tática do inimigo, a prudência torna-se uma necessidade que, aliás, não exclui a moderação nem a observação das conveniências, das quais não devemos jamais nos separar. Por outro lado não nos poderíamos equivocar quanto ao caráter do verdadeiro espírita; há nele uma franqueza de atitudes que desafia toda suspeição, sobretudo quando corroborada pela prática dos princípios da Doutrina. Que se levante bandeira contra bandeira, como procuram fazer nossos antagonistas: o futuro de cada um está subordinado à soma de consolações e satisfações morais que elas trazem. Um sistema não pode prevalecer sobre outro senão sob a condição de ser mais lógico, e só a opinião pública pode julgar com soberania. Em todo o caso, a violência, as injúrias e a acrimônia são maus antecedentes e uma recomendação ainda pior.

Resta examinar as consequências desse estado de coisas. Tais intrigas podem, incontestavelmente, levar a algumas perturbações parciais, momentâneas, razão por que é preciso abortá-las tanto quanto possível. Contudo, não poderiam prejudicar o futuro: primeiramente, porque não terão tempo, desde que são manobras da oposição, que cairá pela força das coisas; em segundo lugar, porque, digam o que disserem, jamais tirarão à Doutrina seu caráter distintivo, sua filosofia racional e sua moral consoladora. Por mais que a torturem e deturpem, por mais que façam falar os Espíritos à sua vontade ou reúnam comunicações apócrifas para lançar contradições de permeio, não farão prevalecer um ensino isolado, ainda que verdadeiro ou imaginário, contra o que é dado por toda parte. O Espiritismo se distingue de todas as outras filosofias pelo fato de não ser o produto da concepção de um só homem, mas de um ensino que cada um pode receber em todos os pontos do globo, e tal é a consagração que recebeu *O livro dos espíritos*. Escrito sem equívocos possíveis e ao alcance de todas as inteligências, esse livro será sempre a expressão clara e exata da Doutrina e a transmitirá intacta aos que vierem depois de nós. As cóleras que excita são indícios do papel que ele é chamado a representar, e da dificuldade de lhe opor algo de mais sério. O que fez o rápido sucesso da Doutrina Espírita são as consolações e as esperanças que dá. Todo sistema que, pela negação dos princípios fundamentais, tendesse a destruir a própria fonte dessas consolações não poderia ser acolhido com simpatia.

Não se deve perder de vista que estamos, como já o dissemos, em momento de transição, e que nenhuma transição se opera sem conflito. Não se admirem, pois, de ver agitarem-se as paixões em jogo, as ambições comprometedoras, as pretensões malogradas, e cada um tentar recuperar o que vê escapar, agarrando-se ao passado. Mas pouco a pouco tudo isto se extingue, a febre se acalma, os homens passam e as ideias novas ficam. Espíritas, elevai-vos pelo pensamento, olhai vinte anos para a frente e o presente não vos inquietará.

(*Revista Espírita*: jornal de estudos psicológicos, ano 6, mar. 1863.)

CAPÍTULO XIII

# Decisão tomada pela Sociedade Espírita de Paris a respeito de questões religiosas

A Sociedade Espírita de Paris, depois de tomar conhecimento da carta do Sr. ... e das perguntas sobre as quais deseja que ela se pronuncie em sessão solene, sente-se no dever de lembrar ao autor da carta que o fim essencial do Espiritismo é a destruição das ideias materialistas e o melhoramento moral do homem; que ele não se ocupa, de modo algum, de discutir os dogmas particulares de cada culto, deixando sua apreciação à consciência de cada um; que desconhecer tal fim seria dele fazer instrumento de controvérsia religiosa, cujo efeito seria perpetuar um antagonismo que ele tende a fazer desaparecer, chamando todos os homens para a bandeira da caridade, levando-os a não verem em seus semelhantes senão irmãos, sejam quais forem suas crenças. Se, em certas religiões, há dogmas questionáveis, é preciso deixar ao tempo e ao progresso das luzes o cuidado de sua depuração; o perigo dos erros que poderiam encerrar desaparecerá à medida que os homens fizerem do princípio da caridade a

## Capítulo XIII

base de sua conduta. O dever dos verdadeiros espíritas, dos que compreendem o fim providencial da Doutrina, é, pois, antes de tudo, dedicar-se a combater a incredulidade e o egoísmo, que são as verdadeiras chagas da humanidade, e a fazer prevalecer, tanto pelo exemplo quanto pela teoria, o sentimento de caridade, que deve ser a base de toda religião racional, e servir de guia nas reformas sociais. As questões de fundo devem passar à frente das questões de forma. Ora, as questões de fundo são as que têm por objetivo tornar melhores os homens, considerando-se que todo progresso social ou outro não pode ser senão consequência do melhoramento das massas; é para isso que tende o Espiritismo e por aí prepara os caminhos a todos os gêneros de progressos morais. Querer agir de outra forma é começar o edifício pela cumeeira, antes de lhe assentar os alicerces; é semear em terreno que não foi arroteado.

Como aplicação dos princípios acima, a Sociedade Espírita de Paris se declara impedida, por seus regulamentos, de interferir em todas as questões de controvérsia religiosa, de política e de economia social, e não cederá a nenhuma provocação que tenda a desviá-la desta linha de conduta.

Em razão disso, não emitirá, nem oficial nem oficiosamente, opinião quanto ao valor das respostas ditadas ao médium..., respostas essencialmente dogmáticas e, mesmo, políticas, e, ainda menos, fazê-las objeto de uma discussão solene, como pede o autor da carta.

Quanto ao livro que deve tratar dessas questões, e cuja publicação é prescrita pelo Espírito que a ditou, a Sociedade não vacila em declarar que considera tal publicação inoportuna e perigosa, naquilo que poderia fornecer armas aos inimigos do Espiritismo. Por conseguinte, crê do seu dever desaprová-la, como desaprova toda publicação capaz de falsear a opinião sobre o fim e as tendências da Doutrina.

No que respeita à natureza do Espírito que ditou aquelas comunicações, a Sociedade julga dever lembrar que o nome que toma um Espírito jamais é garantia de sua identidade; que não se poderia ver uma prova de superioridade nalgumas ideias justas que emita, se com estas encontramos outras falsas. Os Espíritos verdadeiramente superiores são lógicos e consequentes em tudo o que dizem. Ora, não é este o caso de que se trata. Sua pretensão de crer que esse livro deve ter como consequência levar o governo a modificar certas partes de sua política bastaria para fazer duvidar de sua elevação e, melhor ainda, do nome que toma, porque isto não é racional. Sua insuficiência ressalta ainda de dois outros fatos não menos característicos.

O primeiro é que é completamente falso que o Sr. Allan Kardec tenha recebido missão, como pretende o Espírito, de examinar e fazer publicar o livro de que se trata. Se tem a missão de o examinar, não pode ser senão para fazer sentir os inconvenientes e combater a sua publicação.

O segundo fato está na maneira pela qual o Espírito exalta a missão do médium, o que jamais fazem os bons Espíritos, e o que fazem, ao contrário, os que querem impor-se, captando-lhes a confiança por meio de belas palavras, com ajuda das quais esperam fazer passar o resto.

Em resumo, torna-se evidente para a Sociedade que o nome com que se adorna o Espírito, que diz ser o Cristo, é apócrifo. Ela se julga no dever de exortar o autor da carta, bem como o seu médium, a não se deixarem iludir por tais comunicações e a se restringirem ao objetivo essencial do Espiritismo.

(*Revista Espírita*: jornal de estudos psicológicos, ano 6, mar. 1863.)

## CAPÍTULO XIV

# Exame das comunicações mediúnicas que nos são enviadas

Muitas comunicações nos foram enviadas por diferentes grupos, quer nos pedindo conselho e julgamento de suas tendências, quer, da parte de alguns, na esperança de as verem publicadas na *Revista*. Todas nos foram entregues com a faculdade de delas dispor como melhor entendêssemos para o bem da causa. Fizemos o seu exame e classificação e esperamos que ninguém haja de se surpreender ante a impossibilidade de inseri-las todas, considerando-se que, além das já publicadas, há mais de 3.600 que, sozinhas, teriam absorvido cinco anos *completos* da *Revista*, sem contar um certo número de manuscritos mais ou menos volumosos, dos quais falaremos adiante. A apreciação crítica deste exame nos fornecerá matéria para algumas reflexões, que cada um poderá tirar proveito.

Em grande número encontramo-las notoriamente más, no fundo e na forma, evidente produto de Espíritos ignorantes, obsessores ou mistificadores e que juram pelos nomes mais ou

## Capítulo XIV

menos pomposos com que se revestem. Publicá-las teria sido dar armas à crítica. Circunstância digna de nota é que a quase totalidade das comunicações dessa categoria emana de indivíduos isolados, e não de grupos. Só a fascinação poderia levá-los a ser tomados a sério e impedir se visse o lado ridículo. Como se sabe, o isolamento favorece a fascinação, ao passo que as reuniões encontram controle na pluralidade das opiniões.

Todavia, reconhecemos com prazer que as comunicações dessa natureza formam, na massa, uma pequena minoria. A maioria das outras encerra bons pensamentos e excelentes conselhos, sem significar que todas devam ser publicadas, e isso pelos motivos que vamos expor.

Os Espíritos bons ensinam mais ou menos a mesma coisa em toda parte, porque em toda parte há os mesmos vícios a reformar e as mesmas virtudes a pregar. Eis um dos caracteres distintivos do Espiritismo; muitas vezes a diferença está apenas na correção e elegância do estilo. Para apreciar as comunicações, tendo em conta a publicidade, não se deve considerá-las de seu ponto de vista, mas do do público. Compreendemos a satisfação que se experimenta ao obter algo de bom, sobretudo quando se começa, mas além do fato de que certas pessoas podem ter ilusão sobre o mérito intrínseco, não se pensa que em cem outros lugares se obtêm coisas semelhantes, e o que é de poderoso interesse individual pode ser banalidade para a massa.

Além disso, é preciso considerar que, de algum tempo para cá, as comunicações adquiriram, em todos os aspectos, proporções e qualidades que deixam muito para trás as que eram obtidas há alguns anos. Aquilo que então era admirado parece pálido e mesquinho junto ao que se obtém hoje. Na maioria dos centros realmente sérios, o ensino dos Espíritos cresceu com a compreensão do Espiritismo. Desde que por toda parte são recebidas instruções mais ou menos idênticas, sua publicação poderá interessar apenas sob a condição de apresentar qualidades adicionais, como forma ou como alcance instrutivo. Seria, pois, ilusão crer que toda mensagem deve encontrar leitores numerosos e entusiastas. Outrora, a menor conversa espírita era uma novidade que atraía a atenção; hoje, que os espíritas e os médiuns não se contam mais, o que era uma raridade é um fato quase banal e habitual, e que foi distanciado pela vastidão e pelo alcance das comunicações atuais, assim como os deveres do escolar o são pelo trabalho do adulto.

Temos à vista a coleção de um jornal publicado no princípio das manifestações sob o título de *A mesa falante*, característico da época. Diz-se que o jornal tinha de 1.500 a 1.800 assinantes, cifra enorme para a época. Continha uma porção de pequenas conversas familiares e fatos mediúnicos que, então, atraíam profundamente a curiosidade. Aí procuramos em vão alguma coisa para reproduzir em nossa *Revista*; tudo quanto tivéssemos colhido seria hoje pueril e sem interesse. Se o jornal não tivesse desaparecido por circunstâncias que não vêm ao caso, só poderia ter vivido com a condição de acompanhar o progresso da Ciência e, se reaparecesse agora nas mesmas condições, não teria cinquenta assinantes. Os espíritas são imensamente mais numerosos do que então, é verdade, mas são mais esclarecidos e querem um ensinamento mais substancial.

Se as comunicações não emanassem senão de um único centro, sem dúvida os leitores se multiplicariam em razão do número de adeptos, mas não se deve perder de vista que os focos que as produzem se contam aos milhares e que por toda parte onde são obtidas coisas superiores não pode haver interesse pelo que é fraco ou medíocre.

Não falamos assim para desencorajar as publicações, longe disso, mas para mostrar a necessidade de uma escolha rigorosa, condição *sine qua non* do sucesso. Aprofundando os seus ensinamentos, os Espíritos nos tornaram mais difíceis e mesmo exigentes. As publicações locais podem ter imensa utilidade, sob duplo aspecto: espalhar nas massas o ensino dado na intimidade e mostrar a concordância que existe nesse ensino sobre diversos pontos. Aplaudiremos isto sempre e os encorajaremos toda vez que forem feitas em boas condições.

Antes de mais, convém dela afastar tudo quanto, sendo de interesse privado, só interessa àquele que lhe concerne; depois, tudo quanto é vulgar no estilo e nas ideias, ou pueril pelo assunto. Uma coisa pode ser excelente em si mesma, muito boa para servir de instrução pessoal, mas o que deve ser entregue ao público exige condições especiais. Infelizmente o homem é propenso a imaginar que tudo o que lhe agrada deve agradar aos outros. O mais hábil pode enganar-se; o importante é enganar-se o menos possível. Há Espíritos que se comprazem em fomentar essa ilusão em certos médiuns; por isso nunca seria demais recomendar a estes últimos que não confiassem em seu próprio julgamento. É nisto que os grupos são úteis: pela multiplicidade de opiniões que eles permitem colher. Aquele que, neste caso, recusasse a opinião da maioria, julgando-se mais iluminado que todos, provaria sobejamente a má influência sob a qual se encontra.

Aplicando esses princípios de ecletismo às comunicações que nos são enviadas, diremos que em 3.600 há mais de 3.000 que são de uma moralidade irreprochável, e excelentes como fundo; mas que desse número nem trezentas merecem publicidade e apenas cem têm mérito fora do comum. Como essas comunicações vieram de muitos pontos diferentes, inferimos que a proporção deve ser mais ou menos geral. Por aí pode julgar-se da necessidade de não publicar inconsideradamente tudo quanto vem dos Espíritos, se quisermos atingir o objetivo a que nos propomos, tanto do ponto de vista material quanto do efeito moral e da opinião que os indiferentes possam fazer do Espiritismo.

Resta-nos dizer algumas palavras sobre manuscritos ou trabalhos de fôlego que nos remeteram, entre os quais não encontramos, em trinta, mais que cinco ou seis de real valor. No mundo invisível, como na Terra, não faltam escritores, mas os bons são raros. Tal Espírito é apto a ditar uma boa comunicação isolada, a dar excelente conselho particular, mas incapaz de produzir um trabalho de conjunto completo, passível de suportar um exame, sejam quais forem suas pretensões e o nome com que se disfarce como garantia. Quanto mais alto o nome, maior o cuidado. Ora, é mais fácil tomar um nome que justificá-lo; eis por que, ao lado de alguns bons pensamentos, encontram-se, muitas vezes, ideias excêntricas e traços inequívocos da mais profunda ignorância. É nessas modalidades de trabalhos mediúnicos que temos notado mais sinais de obsessão, dos quais um dos mais frequentes é a injunção por parte do Espírito de os mandar imprimir; e alguns pensam erradamente que tal recomendação é suficiente para encontrar um editor atencioso que se encarregue da tarefa.

É principalmente em semelhante caso que um exame escrupuloso é necessário, se não nos quisermos expor a fazer discípulos à nossa custa. É, ainda, o melhor meio de afastar os Espíritos presunçosos e pseudossábios, que se retiram inevitavelmente quando não encontram instrumentos dóceis a quem façam aceitar suas palavras como artigos de fé. A intromissão desses Espíritos nas comunicações é, fato conhecido, o maior escolho do Espiritismo. Toda precaução é pouca para evitar as publicações lamentáveis. Em tais casos, mais vale pecar por excesso de prudência, no interesse da causa.

Em suma, publicando comunicações dignas de interesse, faz-se uma coisa útil. Publicando as que são fracas, insignificantes ou más, faz-se mais mal do que bem. Uma consideração não menos importante é a da oportunidade. Algumas há cuja publicação seria intempestiva e, por isso mesmo, prejudicial. Cada coisa deve vir a seu tempo. Várias das que nos são dirigidas estão neste caso e, conquanto muito boas, devem ser adiadas. Quanto às outras, acharão seu lugar conforme as circunstâncias e o seu objetivo.

(*Revista Espírita*: jornal de estudos psicológicos, ano 6, mai. 1863.)

# CAPÍTULO XV

## Período de luta

O primeiro período do Espiritismo, caracterizado pelas mesas girantes, foi o da *curiosidade*. O segundo foi o *período filosófico*, marcado pelo aparecimento de *O livro dos espíritos*. A partir deste momento o Espiritismo tomou um caráter completamente diverso. Entreviram-lhe o objetivo e o alcance e nele hauriram fé e consolação, sendo tal a rapidez de seu progresso que nenhuma outra doutrina filosófica ou religiosa oferece exemplo semelhante. Mas, como todas as ideias novas, teve adversários tanto mais obstinados quanto maior era a ideia, porque nenhuma ideia grande pode estabelecer-se sem ferir interesses. É preciso que ocupe um lugar e as pessoas deslocadas não podem vê-la com bons olhos. Depois, ao lado das pessoas interessadas estão os que, por espírito de sistema e sem razões precisas, são adversários natos de tudo quanto é novo.

Nos primeiros anos, muitos duvidaram de sua vitalidade, razão por que lhe deram pouca atenção. Mas quando o viram crescer, a despeito de tudo, propagar-se em todas as fileiras da sociedade e em todas as partes do mundo, tomar o seu lugar entre as crenças e tornar-se uma potência pelo número de seus aderentes, os interessados na manutenção das ideias antigas

## Capítulo XV

alarmaram-se seriamente. Então uma verdadeira cruzada foi dirigida contra ele, dando início ao *período da luta*, de que o auto de fé de Barcelona, de 9 de outubro de 1861, de certo modo foi o sinal. Até então ele tinha sido alvo dos sarcasmos da incredulidade, que ri de tudo, principalmente do que não compreende, mesmo das coisas mais santas, e aos quais nenhuma ideia nova pode escapar: é o seu batismo de fogo. Mas os outros não riem: fitam-no com cólera, sinal evidente e característico da importância do Espiritismo. Desde então os ataques assumiram um caráter de violência inaudita. Foi dada a palavra de ordem: sermões furibundos, pastorais, anátemas, excomunhões, perseguições individuais, livros, brochuras, artigos de jornais, nada foi poupado, nem mesmo a calúnia.

Estamos, pois, em pleno período de luta, mas este não terminou. Vendo a inutilidade dos ataques a céu aberto, vão ensaiar a guerra subterrânea, que se organiza e já começa. Uma calma aparente vai ser sentida, mas é a calma precursora da tempestade; não obstante, à tempestade sucede a bonança.

Espíritas, não vos inquieteis, porque a saída não é duvidosa; a luta é necessária e o triunfo será mais retumbante. Disse e repito: vejo o fim; sei como e quando será alcançado. Se vos falo com tal segurança é que para tanto tenho razões, sobre as quais a prudência manda que me cale, mas vós as conhecereis um dia. Tudo quanto vos posso dizer é que virão poderosos auxiliares para fechar a boca de mais de um detrator; contudo a luta será viva e se, no conflito, houver algumas vítimas de sua fé, que estas se rejubilem, como o faziam os primeiros mártires cristãos, dos quais muitos estão entre vós, para vos encorajar e dar o exemplo; que se lembrem destas palavras do Cristo: "Bem-aventurados os que sofrem perseguição por causa da justiça, porque deles é o reino dos céus. Bem-aventurados sois vós quando vos injuriarem e perseguirem e, mentindo, disserem todo o mal contra vós, por minha causa. Exultai e alegrai-vos, pois grande é o vosso galardão nos céus; porque assim perseguiram os profetas que vieram antes de vós." (Mateus, 5:10, 11 e 12.)[7]

Estas palavras não parecem ter sido ditas para os espíritas de hoje, como para os apóstolos de então? É que as palavras do Cristo têm isto de particular: são para todos os tempos, porque sua missão era para o futuro, como para o presente.

A luta determinará uma nova fase do Espiritismo e levará ao quarto período, que será o *período religioso*; depois virá o quinto, *período intermediário*, consequência natural do precedente, e que mais tarde receberá sua denominação característica. O sexto e último período será o da *regeneração social*, que abrirá a era do século XX. Nessa época, todos os obstáculos à nova ordem de coisas determinadas por Deus para a transformação da Terra terão desaparecido. A geração que surge, imbuída das ideias novas, estará em toda a sua força e preparará o caminho da que há de inaugurar o triunfo definitivo da união, da paz e da fraternidade entre os homens, confundidos numa mesma crença, pela prática da lei evangélica. Assim serão confirmadas as palavras do Cristo, já que todas devem ter cumprimento e muitas se realizam neste momento, porque os tempos preditos são chegados. Mas é em vão que, tomando a figura pela realidade, procurais sinais no Céu: esses sinais estão ao vosso lado e surgem de todas as partes.

É notável que as comunicações dos Espíritos tenham tido um caráter especial em cada período: no primeiro eram frívolas e levianas; no segundo foram graves e instrutivas; a partir do terceiro eles pressentiram a luta e suas diferentes peripécias. A maior parte das que se obtém hoje nos diversos centros tem por objetivo prevenir os adeptos contra as intrigas de seus adversários. Assim, por toda parte são dadas instruções a este respeito,

---

[7] N.T.: No original francês, por engano, constou o capítulo 6.

como por toda parte é anunciado um resultado idêntico. Tal coincidência, sobre este como sobre muitos outros pontos de vista, não é um dos fatos menos significativos. A situação se acha completamente resumida nas duas comunicações seguintes, cuja veracidade já foi reconhecida por muitos espíritas.

(*Revista Espírita*: jornal de estudos psicológicos, ano 6, dez. 1863.)

CAPÍTULO XVI

# Sociedade Espírita de Paris

Discurso de abertura do 7º ano social de 1864

Senhores e caros colegas,
A Sociedade começa seu sétimo ano, o que é muito significativo tratando-se de uma ciência nova. Um fato de não menor importância é que ela seguiu constantemente uma marcha ascendente. Contudo, senhores, sabeis que é menos no sentido material que no sentido moral que se realiza o seu progresso. Não somente ela não abriu suas portas ao primeiro a chegar, como não solicitou que dela fizesse parte quem quer que fosse, antes visando circunscrever-se do que se expandir indefinidamente.

Com efeito, o número de membros ativos é uma questão secundária para toda sociedade que, como esta, não visa entesourar. Como não *busca subscritores*, não se prende à quantidade. Assim o exige a própria natureza de seus trabalhos, exclusivamente científicos, para os quais são necessários a calma e o recolhimento, e não o alvoroço da multidão.

O sinal de prosperidade da Sociedade não está, pois, nem na cifra de seu pessoal, nem no montante de sua reserva bancária; está inteiramente na progressão de seus estudos, na consideração

## Capítulo XVI

que conquistou, no ascendente moral que exerce lá fora; enfim, no número de adeptos que aderem aos princípios que ela professa, sem que, por isso, dela participem. A esse respeito, senhores, sabeis que o resultado ultrapassou todas as previsões e, coisa notável, não é somente na França que ela exerce tal ascendente, mas no estrangeiro, porque, para os verdadeiros espíritas, todos os homens são irmãos, seja qual for a nação a que pertençam. Tendes a prova material disto no número de sociedades e grupos que, de diversos países, vem colocar-se sob o seu patrocínio e lhe pedir conselhos. Isto é um fato notório e tanto mais característico quanto essa convergência para ela se faz espontaneamente, pois não é menos notório que ela nem o provocou, nem o solicitou. É, pois, voluntariamente, que vêm colocar-se sob a bandeira que ela hasteou. A que se deve tudo isto? Suas causas são múltiplas; não é inútil examiná-las, porque isto entra na história do Espiritismo.

Uma das causas vem, naturalmente, do fato de que, sendo a primeira regularmente constituída, também foi a primeira a ampliar o círculo de seus estudos e a abraçar todas as partes da ciência espírita. Quando o Espiritismo mal saía do período da curiosidade e das mesas girantes, ela entrou resolutamente no período filosófico que, de certo modo, inaugurou. Por isso mesmo, logo centralizou a atenção da gente séria.

Isto para nada teria servido, porém, se ela tivesse ficado alheia aos princípios ensinados pela generalidade dos Espíritos. Se apenas tivesse professado suas próprias ideias, jamais se teria imposto à imensa maioria dos adeptos de todos os países. A Sociedade representa os princípios formulados em *O livro dos espíritos*. Sendo esses princípios ensinados em toda parte, muito naturalmente se vincularam ao centro de onde aqueles partiam, ao passo que aqueles que se colocaram fora deste centro ficaram isolados, por não terem encontrado eco entre os Espíritos.

Repetirei aqui o que disse alhures, porque nunca seria demais repetir: a força do Espiritismo não reside na opinião de um homem, nem na de um Espírito; está na universalidade do ensino dado por estes últimos; o *controle universal*, como o *sufrágio universal*, resolverá no futuro todas as questões litigiosas; fundará a unidade da Doutrina muito melhor do que um concílio de homens. Ficai certos, senhores, de que este princípio fará o seu caminho, como o *Fora da caridade não há salvação*, porque baseado na mais rigorosa lógica e na abdicação da personalidade. Não contrariará senão os adversários do Espiritismo e aqueles que só têm fé em suas luzes pessoais.

É por jamais se ter afastado dessa via traçada pela sã razão que a Sociedade de Paris conquistou o lugar que ocupa. Confiam nela, porque sabem que nada avança levianamente, não impõe suas próprias ideias e, por sua posição, mais que ninguém, está habilitada a constatar o sentido em que se pronuncia aquilo que se pode justamente chamar o *sufrágio universal dos Espíritos*. Se alguma vez ela se colocasse ao lado da maioria, deixaria forçosamente de ser o ponto de ligação. O Espiritismo não cairia *porque tem seu ponto de apoio em toda parte*, mas a Sociedade cairia, se não tivesse o seu *por toda parte*. Com efeito, e por sua natureza excepcional, o Espiritismo também não repousa *numa sociedade*, como não se assenta num indivíduo; a de Paris jamais disse: *Fora de mim não há Espiritismo*; assim, se ela deixasse de existir, nem por isso o Espiritismo desviar-se-ia de seu curso, porque tem suas raízes na inumerável multidão de intérpretes dos Espíritos no mundo inteiro, e não numa reunião qualquer, cuja existência é sempre eventual.

Os testemunhos que a Sociedade recebe provam que ela é estimada e considerada, o que certamente é motivo para nos congratularmos. Se a causa primeira está na natureza de seus trabalhos, é justo acrescentar que o deve também ao bom conceito

## Capítulo XVI

que de suas sessões levaram os numerosos estrangeiros que a visitaram; a ordem, a postura, a gravidade, os sentimentos de fraternidade que viram aí reinar os convenceram, mais que todas as palavras, de seu caráter eminentemente sério.

Tal é, senhores, a posição que, como fundador da Sociedade, eu tive que lhe assegurar; tal é, também, a razão pela qual jamais cedi a qualquer incitamento tendente a desviá-la do caminho da prudência. Deixei que dissessem e fizessem os impacientes de boa ou de má-fé; sabeis no que eles se tornaram, ao passo que a Sociedade ainda está de pé.

A missão da Sociedade não é fazer proselitismo, razão por que jamais convoca o público. O objetivo de seus trabalhos, como o indica seu título, é o progresso da ciência espírita. Para isto aproveita não só suas próprias observações, mas as feitas alhures; recolhe os documentos que lhe chegam de todas as partes, estuda-os, investiga-os e os compara, para lhes deduzir os princípios e tirar as instruções que espalha, mas não o faz irrefletidamente. É assim que seus trabalhos a todos aproveitam e, se conquistaram certa autoridade, é porque sabem que são feitos conscienciosamente, sem prevenção sistemática contra pessoas ou coisas.

Compreende-se, pois, que para atingir tal objetivo é indiferente um número de membros mais ou menos considerável. O resultado seria obtido tão bem, ou melhor ainda, com uma dúzia do que com algumas centenas. Não visando a nenhum interesse material, não há por que buscar o número; sendo seu objetivo grave e sério, nada faz tendo em vista a curiosidade; enfim, como os elementos da ciência nada lhe ensinariam de novo, não perde tempo em repetir o que já sabe. Como dissemos, seu papel é trabalhar pelo progresso da ciência pelo estudo; não é junto dela que os que nada sabem vêm convencer-se, mas que os adeptos já iniciados vêm colher novas instruções; tal é o seu verdadeiro caráter. O que lhe é preciso, o que lhe é indispensável, são relações extensas, que lhe permitam ver do alto o movimento geral, para julgar do conjunto, a este se conformar e o dar a conhecer. Ora, ela possui tais relações, que vieram por si mesmas e aumentam diariamente, e tendes a prova disto pela correspondência.

O número de reuniões que se formam sob os seus auspícios e solicitam o seu patrocínio, pelos motivos expostos acima, é o fato mais característico do ano social que acaba de passar. Este fato não só é muito honroso para a Sociedade como tem uma importância capital, pois testemunha, ao mesmo tempo, a extensão da Doutrina e o sentido no qual tende a estabelecer-se a unidade.

Os que nos conhecem sabem a natureza das relações que existem entre a Sociedade de Paris e as sociedades estrangeiras, mas é essencial que todo mundo o saiba, para evitar os equívocos a que as alegações da malevolência poderiam dar lugar. Assim, não é supérfluo repetir que os espíritas não formam entre si nem uma congregação, nem uma associação; que entre as diversas sociedades não há nem solidariedade material, nem filiação oculta ou ostensiva; que não obedecem a nenhuma palavra de ordem secreta; que os que delas fazem parte são sempre livres para se retirarem, quando isto lhes convêm; que se elas não abrem suas portas ao público, não é porque aí se passe nada de misterioso ou de oculto, mas porque não querem ser perturbadas pelos curiosos e importunos; longe de agir na sombra, ao contrário, estão sempre prontas a submeter-se às investigações da autoridade legal e às prescrições que lhes forem impostas. A de Paris tem, sobre as outras, apenas autoridade moral, que conquistou por sua posição e por seus estudos e porque houveram por bem lha conferir. Dá os conselhos que exigem de sua experiência, mas não se impõe a nenhuma. A única palavra de ordem que dá, como sinal de reconhecimento entre os verdadeiros espíritas, é este: *Caridade para com todos, mesmo pelos nossos inimigos.* Declinaria, pois, de toda solidariedade moral com aquelas que se afastassem deste princípio, que tivessem por móvel o interesse material, que, em vez de manter a união e a boa harmonia, tendessem a semear a divisão entre os adeptos, porque, por isso mesmo, elas se colocariam fora da Doutrina.

A Sociedade de Paris não pode assumir a responsabilidade dos abusos que, por ignorância ou por outras causas, possam fazer do Espiritismo; ela não pretende, de forma alguma, cobrir com o seu manto os que os cometem; não pode nem deve tomar-lhes a defesa perante a autoridade, em caso de perseguição, porque seria aceitar o que a Doutrina desaprova. Quando a crítica se dirige a tais abusos, nada temos a refutar, mas apenas respondemos: "Se vos désseis ao trabalho de estudar o Espiritismo, saberíeis o que ele diz e não o acusaríeis daquilo que ele condena." Assim, cabe aos espíritas sinceros evitar cuidadosamente tudo quanto possa dar lugar a uma crítica fundada, e certamente o conseguirão, se se aterem aos preceitos da Doutrina. Não é porque uma reunião se intitula grupo, círculo ou sociedade espírita que, necessariamente, deve ter a nossa simpatia; a etiqueta jamais foi garantia absoluta da qualidade da mercadoria. Mas, segundo a máxima: "Conhece-se a árvore pelo seu fruto", nós a apreciamos em razão dos sentimentos que a animam, do móvel que a dirige, e a julgamos por suas obras.

A Sociedade de Paris se congratula quando pode inscrever, na lista de seus aderentes, reuniões que oferecem todas as garantias desejáveis de ordem, boas maneiras, sinceridade, devotamento e abnegação pessoal e os pode oferecer como modelos aos seus irmãos em crença.

A posição da Sociedade de Paris é, pois, exclusivamente moral e ela jamais ambicionou outra. Aqueles antagonistas nossos que pretendem que todos os espíritas são tributários; que ela se enriquece à sua custa, extorquindo-lhes dinheiro em seu proveito; que calculam seu lucro pelo número de adeptos, ou dão provas de má-fé ou da mais absoluta ignorância daquilo de que falam. Sem dúvida ela tem por si a consciência, mas tem a mais, para confundir a impostura, os seus arquivos, que testemunharão sempre a verdade, assim no presente como no futuro.

Sem desígnio premeditado e pela força das coisas, a Sociedade tornou-se um centro para onde convergem ensinamentos de toda natureza concernentes ao Espiritismo. Sob esse aspecto, ela se acha numa posição que poderíamos dizer excepcional, pelos elementos que possui para assentar a sua opinião. Melhor que ninguém, pode ela, pois, conhecer o estado real do progresso da Doutrina em cada país e apreciar as causas locais que possam favorecê-la ou retardar o seu desenvolvimento. Essa estatística não será um dos elementos menos preciosos da história do Espiritismo, permitindo, ao mesmo tempo, que se estudem as manobras de seus adversários e se calculem a extensão dos golpes desferidos para o derrubar. Bastaria esta observação para permitir prever o resultado definitivo e inevitável da luta, como se julga o desfecho de uma batalha pelo movimento dos dois exércitos.

A propósito, pode dizer-se com inteira verdade que estamos na primeira linha para observar não só a tática dos homens, mas também a dos Espíritos. Com efeito, vemos da parte destes uma unidade de vistas e de plano sábia e providencialmente combinada, diante da qual devem quebrar-se, forçosamente, todos os esforços humanos, porque os Espíritos podem atingir os homens e os ferir, ao passo que escapam destes últimos. Como se vê, a partida é desigual.

A história do Espiritismo moderno será uma coisa realmente curiosa, porque será a da luta entre o mundo visível e o mundo invisível. Os antigos teriam dito: *A guerra dos homens contra os deuses*. Será também a luta dos fatos, mas, sobretudo e

## Capítulo XVI

forçosamente, a dos homens que neles tiverem representado um papel ativo, num como noutro sentido, de verdadeiros sustentáculos, como adversários da causa. É preciso que as gerações futuras saibam a quem deverão um justo tributo de reconhecimento; é preciso que consagrem a memória dos verdadeiros pioneiros da obra regeneradora e que não haja glórias usurpadas.

O que dará a essa história um caráter particular é que, em vez de ser feita, como muitas outras, dos anos ou dos séculos fora do tempo, com fé na tradição e na lenda, ela se faz à medida que os eventos acontecem, baseando-se em dados autênticos, o mais vasto e completo arquivo existente no mundo, que possuímos, proveniente de correspondência incessante vinda de todos os países onde se implanta a Doutrina.

Sem dúvida o Espiritismo, em si mesmo, não pode ser atingido pelas alegações mentirosas de seus adversários, com o auxílio das quais procuram deturpá-lo; contudo, poderiam dar falsa ideia de seus primórdios e de seus meios de ação, desnaturando os atos e o caráter dos homens que nele tiverem cooperado, se não se desse a contrapartida oficial. Esses arquivos serão, para o futuro, a luz que dissipará todas as dúvidas, a mina onde os comentadores futuros poderão colher com certeza. Como vedes, senhores, esse trabalho é de grande importância no interesse da verdade histórica; a nossa própria Sociedade nele está interessada, em razão da parte que ocupa no Movimento.

Há um provérbio que diz: "A nobreza obriga." A posição da Sociedade lhe impõe obrigações para conservar seu crédito e seu ascendente moral. A primeira é não se afastar, quanto à teoria, da linha seguida até hoje, pois já recolhe seus frutos; a segunda está no bom exemplo que deve dar, justificando, pela prática, a excelência da Doutrina que professa. Sabe-se que este exemplo, provando a influência moralizadora do Espiritismo, é um poderoso elemento de propaganda e, ao mesmo tempo, o melhor meio de fechar a boca dos detratores. Um incrédulo, que da Doutrina só conhecia a filosofia, dizia que *com tais princípios o espírita necessariamente deveria ser um homem de bem*. Estas palavras são profundamente verdadeiras, mas, para serem completas, é preciso acrescentar que um verdadeiro espírita deve ser, necessariamente, bom e benevolente para com os seus semelhantes, isto é, praticar a caridade evangélica em sua mais vasta acepção.

É a graça que todos devemos pedir que Deus nos conceda, tornando-nos dóceis aos conselhos dos bons Espíritos que nos assistem. Peçamos igualmente a estes que continuem a nos proteger durante o ano que se inicia e que nos deem a força de nos tornarmos dignos deles. É o meio mais seguro de justificar e conservar a posição que a Sociedade conquistou.

A. K.

(*Revista Espírita*: jornal de estudos psicológicos, ano 7, mai. 1864.)

## CAPÍTULO XVII

# Relatório da caixa do Espiritismo apresentado por Allan Kardec à Sociedade Espírita de Paris em 1865

Senhores e caros colegas,

Há algum tempo anunciei que vos daria novas explicações sobre a caixa do Espiritismo. O começo de um novo ano social naturalmente me oferece essa ocasião. Nesta exposição lamento ter de falar de mim, o que sempre faço o menos possível, mas nesta circunstância não me poderia esquivar, razão por que vos rogo, antecipadamente, que me desculpeis.

Lembrarei sumariamente o relatório que, sobre o mesmo assunto, eu vos submeti há dois anos.

No mês de fevereiro de 1860 foi posto à minha disposição um donativo de 10.000 francos para empregá-lo à vontade, no interesse do Espiritismo. Naquela época a Sociedade não tinha sede própria, resultando em graves inconvenientes. A extensão que começava a tomar a Doutrina reclamava um

## Capítulo XVII

local especial reservado não só para as sessões, mas para a recepção de visitantes, cada vez mais numerosos, tornando-se indispensável a presença permanente de alguém na própria sede da Sociedade. Escolhi este local, que reunia as vantagens da conveniência e da posição central. Aliás, a escolha não foi fácil, considerando-se a necessidade de dependências apropriadas à sua destinação, aliada à excessiva carestia do aluguel. O preço de locação do imóvel, incluindo as contribuições, é de 2.930 francos. Não podendo a Sociedade suportar tal encargo e pagando apenas 1.200 francos, restavam 1.730 francos, aos quais se devia prover. Ao destinar o donativo feito, quer na compra do material, quer no pagamento do excedente do aluguel, não nos afastávamos das intenções do doador, pois o empregávamos no interesse da Doutrina. Hoje se compreende perfeitamente quanto foi útil dispor deste centro, para onde convergem tantas relações, e, além disso, quanto era necessário que eu tivesse uma pousada. Todavia — devo lembrar — não há para mim nenhuma vantagem em residir neste local, pois tenho outro apartamento, que nada me custa e onde me seria mais agradável morar, e isto com tanto mais razão quando essa dupla residência, longe de ser um alívio, é uma agravação de encargos, como logo demonstrarei.

Esta soma de 10.000 francos constituiu, pois, o primeiro fundo da caixa do Espiritismo, caixa que, como sabeis, é objeto de contabilidade especial e não se confunde com meus negócios pessoais. Esse fundo deveria bastar para completar, mais ou menos, o aluguel durante os seis anos do arrendamento, conforme conta detalhada que apresentei da última vez. Ora, o contrato expira dentro de um ano e a soma chega ao fim.

É verdade que o capital da caixa foi aumentado de várias quantias. Está assim constituído:

1º) Donativo de fevereiro de 1860 ................................. 10.000 fr.
2º) Abono de empréstimo feito em época anterior no interesse do Espiritismo .................................................. 600 fr.
3º) Donativo feito em 1862 ................................................. 500 fr.
4º) Outro donativo feito em setembro de 1864 ................. 1.000 fr.
5º) Outro donativo feito em outubro de 1864 ................... 2.000 fr.
Total ................................................................... 14.100 fr.

Tendo estas duas últimas quantias destino especial, na verdade só 11.100 francos estão reservados para o aluguel, e não serão suficientes.

O aluguel não é, porém, a única despesa que incumbe ao Espiritismo. Não me refiro às obras de beneficência, que são uma coisa à parte, da qual falaremos em breve. Abordo outro lado da questão, e é aqui que reclamo a vossa indulgência, pela necessidade em que estou de falar de mim.

Muito se falou do lucro que eu retirava de minhas obras. Seguramente, nenhuma pessoa séria acredita em meus milhões, a despeito da afirmação dos que diziam saber de boa fonte que eu levava uma vida principesca, tinha carruagens de quatro cavalos e que em minha casa eu só pisava em tapetes de Aubusson. Aliás, o que quer que tenha dito o autor da brochura que conheceis, provando, por cálculos hiperbólicos, que meu orçamento das receitas ultrapassa a lista civil do mais poderoso soberano da Europa (38 milhões, *Revista* de junho de 1862 e junho de 1863), o que, diga-se de passagem, testemunharia um desenvolvimento verdadeiramente miraculoso da Doutrina, há um fato mais autêntico que esses cálculos: é que jamais pedi qualquer coisa a alguém, ninguém jamais me deu algo pessoalmente; nenhuma coleta de *um centavo qualquer* veio prover às minhas necessidades; numa palavra, *não vivo a expensas de ninguém*, porquanto, das somas que me foram voluntariamente confiadas no interesse do Espiritismo, nenhuma parcela foi desviada em meu proveito; contudo, é de ver-se a que cifras elas alcançam.

Minhas imensas riquezas proviriam, então, de minhas obras espíritas. Embora estas obras tenham tido um sucesso inesperado, basta ter um pouco de familiaridade com os negócios de livraria para saber que não é com livros filosóficos que se amontoam milhões em cinco ou seis anos, quando sobre a venda só se tem o direito autoral de alguns centavos por exemplar. Mas, muito ou pouco, sendo esse produto o fruto do meu trabalho, ninguém tem o direito de intrometer-se no emprego que dele faço; ainda mesmo que se elevasse a milhões, ninguém tem nada a ver com isto, desde que a compra de livros, assim como a assinatura da *Revista*, é facultativa e não é imposta *em nenhuma circunstância*, nem mesmo para assistir às sessões da Sociedade. Falando comercialmente, estou na posição de todo homem que recolhe o fruto de seu trabalho; corro o risco de todo escritor, que tanto pode triunfar quanto fracassar.

Mesmo não tendo, neste particular, nenhuma conta a prestar, creio útil à própria causa a que me devotei dar algumas explicações.

Antes de mais, direi que minhas obras não são propriedade exclusiva minha, o que me obriga a comprá-las de meu editor e pagá-las como um livreiro, à exceção da *Revista*, da qual conservei os direitos; que o lucro se acha singularmente diminuído pelas dívidas incobráveis e pelas distribuições gratuitas feitas no interesse da Doutrina a pessoas que, sem isto, delas estariam privadas. Um cálculo muito fácil prova que o preço de dez volumes perdidos ou doados, que nem por isso deixo de pagar, é suficiente para absorver o lucro de cem volumes. Isto seja dito a título de informação e entre parênteses. Somando tudo e feito o balanço, resta, contudo, alguma coisa. Imaginai a cifra que quiserdes; o que faço dela? Isto é o que mais preocupa certa gente.

Quem quer que outrora tenha visto o nosso interior e o veja hoje pode atestar que nada mudou em nossa maneira de viver, desde que me ocupo de Espiritismo; é tão simples agora como o era antigamente, porque uma vida suntuosa não está nos nossos gostos. Então é certo que os meus lucros, por maiores que sejam, não servem para nos dar os prazeres do luxo. Não temos filhos, portanto não é para eles que economizamos; nossos herdeiros indiretos são, em sua maioria, mais ricos do que nós; seria ingenuidade que me esgotasse trabalhando para eles. Então teria eu a mania de entesourar para ter o prazer de contemplar meu dinheiro? Creio que meu caráter e meus hábitos jamais permitiriam que se fizesse tal suposição. Os que me atribuem semelhantes ideias conhecem muito pouco meus princípios em matéria de Espiritismo, já que me julgam tão apegado aos bens da Terra. O que pretendem? Desde que isto não me aproveita, quanto mais fabulosa for a soma, mais embaraçosa será a resposta. Um dia saberão a cifra exata, bem como o seu emprego detalhado, e os fazedores de histórias pouparão a imaginação; hoje eu me limito a alguns dados gerais para pôr um freio a suposições ridículas. Para tanto, devo entrar nalguns detalhes íntimos, mas que são necessários, e para os quais vos peço perdão.

Sempre tivemos do que viver, muito modestamente é verdade, mas o que teria sido pouco para certa gente nos bastava, graças a nossos gostos e hábitos de ordem e economia. À nossa pequena renda vinha juntar-se, como suplemento, o produto das obras que publiquei antes do Espiritismo e o de um modesto emprego, que me vi forçado a deixar quando os trabalhos da Doutrina absorveram todo o meu tempo.

Na propriedade que possuo, e que me fica como saldo daquilo que a má-fé não me pôde arrancar, podíamos viver tranquilamente e longe da agitação dos negócios. Tirando-me da obscuridade, o Espiritismo veio lançar-me em novo caminho;

## Capítulo XVII

em pouco tempo vi-me arrastado num movimento que estava longe de prever. Quando concebi a ideia de *O livro dos espíritos*, minha intenção era não me pôr em evidência e ficar desconhecido, mas, prontamente ultrapassado, isto não me foi possível: tive de renunciar aos meus gostos pelo insulamento, sob pena de abdicar da obra empreendida e que crescia prodigiosamente; foi preciso seguir seu impulso e tomar-lhe as rédeas. Se meu nome tem agora alguma popularidade, seguramente não fui eu que o procurei, pois é notório que nem a devo à propaganda, nem à camaradagem da imprensa, e que jamais aproveitei de minha posição e de minhas relações para me lançar no mundo, quando isto me teria sido fácil. Mas, à medida que a obra crescia, um horizonte mais vasto se desdobrava à minha frente, recuando os seus limites; compreendi então a imensidão de minha tarefa e a importância do trabalho que me restava fazer para completá-la. Longe de me apavorarem, as dificuldades e os obstáculos redobraram minha energia; vi o objetivo e resolvi atingi-lo com a assistência dos Espíritos bons. Sentia que não tinha tempo a perder e não o perdi nem em visitas inúteis, nem em cerimônias ociosas; foi a obra de minha vida: a ela dei todo o meu tempo, sacrifiquei meu repouso, minha saúde, porque o futuro estava escrito diante de mim em caracteres irrecusáveis. Fi-lo por meu próprio impulso, e minha mulher, que nem é mais ambiciosa, nem mais interesseira do que eu, concordou plenamente com meus pontos de vista e me secundou em minha tarefa laboriosa, como o faz ainda, por um trabalho muitas vezes acima de suas forças, sacrificando sem pesar os prazeres e distrações do mundo, aos quais sua posição de família a tinham habituado.

Sem nos afastarmos de nosso gênero de vida, nem por isso esta posição excepcional deixou de nos criar menos dificuldades, às quais somente os meus recursos não me permitiriam prover. Seria difícil imaginar a multiplicidade das despesas que ela suscita e que, sem isso, eu teria evitado. A necessidade de residir em dois locais diferentes é, como já disse, um acréscimo de gastos, pela obrigação de ter um duplo mobiliário, sem contar uma porção de despesas miúdas exigidas por essa dupla habitação e as perdas que resultam de meus interesses materiais, negligenciados em razão dos trabalhos que absorvem todo o meu tempo. Não é uma queixa que articulo, visto que minhas ocupações atuais são voluntárias, mas um fato que constato em resposta aos que afirmam que tudo é lucro para mim no Espiritismo. Quanto aos gastos especiais decorrentes de minha posição, seria impossível enumerá-los, mas se se considerar que tenho anualmente mais de oitocentos francos de despesas em porte de cartas, independentemente das viagens, da necessidade de me associar a alguém para me secundar, e outros pequenos gastos, compreender-se-á que não exagero ao dizer que minhas despesas anuais, que têm crescido sem cessar, hoje estão mais que triplicadas. Pode-se fazer uma ideia aproximada de quanto se elevou este excedente em oito anos, considerando a média de 6.000 francos por ano. Ora, ninguém contestará a utilidade destas despesas para o sucesso da Doutrina que, evidentemente, teria enlanguescido, se eu tivesse permanecido no meu retiro, sem ver ninguém e sem as numerosas relações que mantenho diariamente. E, contudo, é o que eu teria sido obrigado a fazer, se nada me tivesse vindo em auxílio.

Pois bem, senhores! o que me proporcionou esse suplemento de recursos foi o produto de minhas obras. E o digo com satisfação, pois foi com o meu próprio trabalho, com o fruto de minhas vigílias que provi, pelo menos em maior parte, às necessidades materiais do estabelecimento da Doutrina. Assim, eu trouxe uma larga cota-parte à caixa do Espiritismo. Quis Deus que ele encontrasse em si mesmo seus primeiros meios de ação. No princípio, eu lamentava que minha pouca fortuna não me permitisse fazer o que queria fazer pelo bem da causa; hoje aí

## Capítulo XVII

vejo o dedo da Providência e a realização dessa predição tantas vezes repetida pelos Espíritos bons: Não te inquietes com coisa alguma; Deus sabe o que te é preciso e saberá provê-lo.

Se eu tivesse empregado o produto de minhas obras no aumento de meus prazeres materiais, teria sido em prejuízo do Espiritismo; não obstante, ninguém teria tido o direito de me censurar, porque eu era bem senhor de dispor à vontade daquilo que só devia a mim mesmo; mas, porque me privava antes, também podia privar-me depois; aplicando-o na obra, creio que ninguém achará que seja dinheiro mal-empregado, e os que ajudam a propagar as obras não poderão dizer que trabalham para me enriquecer.

Prover o presente não era tudo: era necessário pensar no futuro e preparar uma fundação que, depois de mim, pudesse ajudar aquele que me substituirá na grande tarefa que terá de cumprir. Esta fundação, sobre a qual devo calar-me ainda, liga-se à propriedade que possuo, e é em vista disto que aplico uma parte de meus produtos em melhorá-la. Como estou longe dos milhões com que me gratificaram, e a despeito de minhas economias, duvido muito que meus recursos pessoais me permitam dar a esta fundação o complemento que em vida lhe queria destinar. Mas, desde que sua realização está nos planos de meus guias espirituais, se eu mesmo não a fizer, é provável que um dia ou outro isto seja feito. Enquanto espero, elaboro os projetos no papel.

Longe de mim, senhores, o pensamento de tirar a menor vaidade do que acabo de vos expor. Foi preciso a perseverança de certas diatribes para me engajar, embora a contragosto, para romper o silêncio sobre alguns fatos que me dizem respeito. Mais tarde, todos quantos a malevolência aprouve desnaturar serão trazidos à luz por documentos autênticos, mas o tempo dessas explicações ainda não chegou. A única coisa que me importava no momento era que fôsseis esclarecidos sobre o destino dos fundos que a Providência fez passar às minhas mãos, seja qual for a sua origem. Não me considero senão como depositário, mesmo daqueles que ganho e, com mais forte razão, dos que me são confiados e dos quais prestarei contas rigorosas. Resumo, dizendo: para mim não necessito; significa dizer que deles não tiro proveito.

Resta-me ainda falar, senhores, da caixa de beneficência. Sabeis que ela se formou, sem desígnio premeditado, por algumas quantias depositadas em minhas mãos para obras de caridade, mas sem aplicação especial, às quais junto as que, de vez em quando, se acham sem emprego determinado. O primeiro donativo feito com este objetivo foi o de uma quantia de 200 francos, enviados no dia 20 de agosto de 1863. No ano seguinte, em 17 de agosto de 1864, a mesma pessoa me remeteu idêntica soma de 200 francos. Em 1º de setembro, durante minha viagem, outra pessoa me enviou 100 francos. Quando das subscrições publicadas na *Revista*, várias pessoas juntaram às suas remessas quantias de menor importância, com emprego facultativo. Recentemente, em 28 de abril último, alguém me remeteu 500 francos. O total das receitas elevou-se hoje a 1.317 francos. O total das despesas, em auxílios diversos, donativos ou empréstimos ainda não reembolsados, eleva-se a 1.060 francos. Atualmente restam-me em caixa 257 francos.

Alguém me perguntava um dia, sem curiosidade, é claro, e por mero interesse pela causa, o que eu faria de um milhão, se o tivesse. Respondi-lhe que hoje o seu emprego seria totalmente diferente do que teria feito no início. Outrora eu teria feito propaganda por uma larga publicidade; agora reconhecia que isso teria sido inútil, pois os nossos adversários se haviam encarregado disso à sua custa. Não pondo então grandes recursos à minha disposição, os Espíritos quiseram provar que o Espiritismo só devia o seu sucesso a si mesmo, à sua própria força, e não ao emprego de meios vulgares.

Hoje, que o horizonte se ampliou, sobretudo que o futuro se desdobrou, fazem-se sentir necessidades de ordem completamente diversa. Um capital como o que supondes receberia um emprego mais útil. Sem entrar em detalhes, que seriam prematuros, direi simplesmente que uma parte serviria para converter minha propriedade numa casa especial de retiro espírita, cujos habitantes recolheriam os benefícios de nossa Doutrina moral; a outra constituiria uma renda *inalienável*, destinada: 1º) a manter o estabelecimento; 2º) a assegurar uma existência a quem me suceder e aos que o ajudarem em sua missão; 3º) a prover às necessidades correntes do Espiritismo, sem recorrer aos produtos eventuais, como sou obrigado a fazer, já que a maior parte dos recursos assenta-se em meu trabalho, que terá um termo.

Eis o que eu faria; mas se esta satisfação não me for dada, pouco me importa que seja concedida a outros. Aliás, de um modo ou de outro, sei que os Espíritos que dirigem o Movimento proverão a todas as necessidades em tempo hábil; eis por que absolutamente não me inquieto com isto e me ocupo com o que, para mim, é essencial: a conclusão dos trabalhos que me restam por terminar. Feito isto, partirei quando a Deus aprouver chamar-me.

É de admirar que certas personagens altamente colocadas, e notoriamente simpáticas à ideia espírita, não tomem abertamente, e oficialmente, a causa em questão. Dirão que seria o seu dever, uma vez que o Espiritismo é uma obra essencialmente moralizadora e humanitária. Esquecem que tais pessoas, por sua própria posição, têm mais que outra de lutar contra preconceitos que só o tempo fará desaparecer, e que cairão ante o ascendente da opinião. Digamos, ademais, que o Espiritismo ainda se encontra em estado de esboço e que não disse a última palavra;

os princípios gerais estão assentados, mas só lhes entreveem as consequências, que não são *nem podem* ser ainda claramente definidas. Até agora não passa de uma Doutrina filosófica, cuja aplicação deve ser aguardada para as grandes questões de interesse geral. Só então é que muitas pessoas compreenderão o seu verdadeiro alcance e utilidade e poderão pronunciar-se com conhecimento de causa. Até que o Espiritismo tenha completado sua obra, o bem que faz é limitado; não podendo ser senão uma crença individual, uma adesão oficial seria prematura e impossível. Aí, sim, muitos dos que hoje o consideram como uma coisa fútil mudarão forçosamente a maneira de ver e serão levados, pela própria força das coisas, a fazer dele um estudo sério. Deixemo-lo, pois, crescer e não peçamos que seja homem antes de ter sido criança. Não peçamos à infância o que só a idade viril pode dar.

A. K.

Nota – Esta exposição tinha sido feita apenas para a Sociedade, mas, tendo sido pedida por unanimidade a sua inserção na *Revista*, julgamos por bem aquiescer a esse desejo.

(*Revista Espírita*: jornal de estudos psicológicos, ano 8, jun. 1865.)

CAPÍTULO XVIII

## Nova tática dos adversários do Espiritismo

Jamais uma doutrina filosófica dos tempos modernos causou tanta emoção quanto o Espiritismo, e nenhuma foi atacada com tamanha obstinação. É prova evidente de que lhe reconhecem mais vitalidade e raízes mais profundas que nas outras, já que não se toma de uma picareta para arrancar um pé de erva. Longe de se apavorarem, os espíritas devem regozijar-se com isto, pois prova a importância e a verdade da Doutrina. Se esta não passasse de uma ideia efêmera e sem consistência, de uma mosca que voa, não a atacariam com tanta violência; se fosse falsa, haveriam de combatê-la com argumentos sólidos, que já teriam triunfado sobre ela. Mas, desde que nenhum dos que lhe opõem foi capaz de detê-la, é que ninguém encontrou o seu calcanhar de Aquiles. Contudo, não faltaram boa vontade nem talento aos seus antagonistas.

Neste vasto torneio de ideias, em que o passado entra em liça com o futuro, e que tem por campo fechado o mundo inteiro, o grande júri é a opinião pública; ela escuta os prós e os contras, julga o valor dos meios de ataque e de defesa e se pronuncia pelo que dá melhores razões. Se um dos dois campeões emprega armas desleais, é condenado por antecipação. Ora, existirão armas mais desleais que a mentira, a calúnia e a traição? Recorrer a semelhantes meios é confessar-se *vencido pela lógica*; a causa que se reduz a tais expedientes é uma causa perdida; não será um homem, nem alguns homens que pronunciarão a sua sentença: é a humanidade, que a força das coisas e a consciência do bem arrastam para o que é mais justo e mais racional.

Vide, na história do mundo, se uma única ideia grande e verdadeira deixou de triunfar, o que quer que tenham feito para entravá-la. A esse respeito o Espiritismo nos apresenta um fato inaudito e sem paralelo: o da rapidez de sua propagação. Essa rapidez é tal que os próprios adversários ficam estupefatos; por isso o atacam com o furor alucinado dos combatentes que perdem o sangue-frio e se deixam ferir por suas próprias armas.

A luta, entretanto, está longe de terminar; ao contrário, é de esperar que tome maiores proporções e um outro caráter. Seria por demais prodigioso e incompatível com o estado atual da humanidade que uma doutrina que traz em si o germe de toda uma renovação se estabelecesse pacificamente em alguns anos. Ainda uma vez, não nos lamentemos; quanto mais rude for a luta, mais estrondoso será o triunfo. Ninguém duvida que o Espiritismo cresceu pela oposição que lhe fizeram; deixemos, pois, essa oposição esgotar os seus recursos: ele crescerá mais ainda quando ela tiver revelado sua própria fraqueza a todos os olhos. O campo de combate do Cristianismo nascente era circunscrito; o do Espiritismo se estende por toda a superfície da Terra. O Cristianismo não pôde ser abafado sob ondas de sangue; cresceu com seus mártires, como a liberdade dos povos, porque era uma verdade. O Espiritismo, que é o Cristianismo apropriado ao desenvolvimento da inteligência e isento dos abusos, crescerá do mesmo modo sob a perseguição, porque ele também é uma verdade.

A força aberta é reconhecida impotente contra a ideia espírita, mesmo nos países onde ela é exercida com toda liberdade; aí está a experiência para o atestar. Comprimindo a ideia num ponto, fazem-na brotar de todos os lados; uma compressão geral levaria a uma explosão. Contudo, nossos adversários não renunciaram; enquanto esperam, recorrem a outra tática: a das manobras surdas.

Já tentaram muitas vezes, e o farão ainda, comprometer a Doutrina, impelindo-a por uma via perigosa ou ridícula, para a desacreditar. Hoje é semeando a divisão de modo sub-reptício, lançando o pomo de discórdia, na expectativa de fazer germinar a dúvida e a incerteza nos espíritos, provocar o desânimo, verdadeiro ou *simulado,* e levar a perturbação moral entre os adeptos. Mas não são adversários confessos que assim agiriam. O Espiritismo, cujos princípios têm tantos pontos de semelhança com os do Cristianismo, também deve ter os seus judas, para que tenha a glória de sair triunfando dessa nova prova. Por vezes, o dinheiro é o argumento que substitui a lógica. Não se viu uma mulher confessar ter recebido 50 francos para simular loucura, depois de haver assistido a uma única reunião espírita?

Não é, pois, sem razão que, na *Revista* de março de 1863, publicamos o artigo sobre os *falsos irmãos*; aquele artigo não agradou a todos; alguns queriam que fôssemos mais claros, que abríssemos os olhos dos outros, apertando-nos a mão em sinal de aprovação como se fôssemos tolos. Mas que importa?! Nosso dever é premunir os espíritas sinceros contra as armadilhas que lhes são estendidas. Quanto aos que nos abandonaram, para os quais esses princípios eram muito rigorosos, neste como em vários outros pontos, é que sua simpatia era superficial e não do fundo do coração, não havendo nenhuma razão para nos prendermos a eles. Temos que nos ocupar com coisas mais importantes que a sua boa ou má vontade a nosso respeito. O presente é fugidio;

amanhã não existirá mais; para nós nada é; o futuro é tudo, e é para o futuro que trabalhamos. Sabemos que as simpatias verdadeiras nos seguirão; as que estão à mercê de um interesse material não concretizado ou de um amor-próprio insatisfeito não merecem este nome.

Quem quer que ponha o seu ponto de vista fora da estreita esfera do presente não é mais perturbado pelas mesquinhas intrigas que se agitam à sua volta. É o que nos esforçamos para fazer, e é o que aconselhamos os que querem ter a paz da alma neste mundo. (*O evangelho segundo o espiritismo*, cap. II, item 5.)

Como todas as ideias novas, a ideia espírita não podia deixar de ser explorada por gente que, não tendo alcançado êxito em nada por má conduta ou por incapacidade, está à espreita do que é novo, na esperança de aí encontrar uma mina mais produtiva e mais fácil; se o sucesso não corresponde à sua expectativa, não o atribui a si mesma, mas à coisa, que declara má. Tais pessoas só têm de espíritas o nome. Melhor do que ninguém, pudemos ver essa manobra, tendo sido muitas vezes o alvo dessas explorações, às quais não quisemos dar a mão, o que não nos valeu amigos.

Voltemos ao nosso assunto. O Espiritismo, repetimos, ainda tem de passar por rudes provas e é aí que Deus reconhecerá seus verdadeiros servidores, por sua coragem, firmeza e perseverança. Os que se deixarem abalar pelo medo ou por uma decepção são como esses soldados que só têm coragem nos tempos de paz e recuam ao primeiro tiro. Entretanto, a maior prova não será a perseguição, mas o conflito das ideias que será suscitado, com cujo auxílio esperam romper a falange dos adeptos e a imponente unidade que se faz na Doutrina.

Esse conflito, embora provocado com má intenção, venha dos homens ou dos maus Espíritos, é, contudo, necessário e, ainda que causasse uma perturbação momentânea em algumas consciências fracas, terá por resultado definitivo a consolidação da unidade. Como em todas as coisas, não se deve julgar os pontos isolados, mas ver o conjunto. É útil que todas as ideias, mesmo as mais contraditórias e as mais excêntricas, venham à luz; provocam o exame e o julgamento, e, se forem falsas, o bom senso lhes fará justiça. Cairão forçosamente ante a prova decisiva do controle universal, como já caíram tantas outras. Foi esse grande critério que fez a unidade atual; será ele que a concluirá, porque é o crivo que deve separar o bom do mau grão, e a verdade brilhará mais quando sair do crisol isenta de todas as escórias. O Espiritismo ainda está em ebulição; deixemos, pois, que a escuma suba à superfície e se derrame: ele apenas ficará mais depurado. Deixemos aos adversários a alegria maligna e pueril de soprar o fogo para provocar essa ebulição, porque, sem o quererem, eles apressam a sua depuração e o seu triunfo e eles próprios se queimarão no fogo que acendem. Deus quer que tudo seja útil à causa, mesmo aquilo que é feito com a intenção de prejudicá-la.

Não esqueçamos que o Espiritismo não está acabado; ainda não fez senão fincar balizas. Mas, para avançar com segurança, deve fazê-lo gradualmente, à medida que o terreno estiver preparado para o receber, e bastante consolidado para nele pôr o pé com segurança. Os impacientes, que não sabem esperar o momento propício, comprometem a colheita como comprometem a sorte das batalhas.

Entre os impacientes, sem dúvida alguns há de muita boa-fé e que gostariam que as coisas andassem ainda mais depressa; assemelham-se a essas criaturas que julgam adiantar o tempo adiantando o relógio. Outros, não menos sinceros, são impelidos pelo amor-próprio a serem os primeiros a chegar; semeiam antes da estação e apenas colhem frutos malogrados. Infelizmente, ao lado destes existem outros que empurram o carro a mil por hora, na esperança de vê-lo tombar.

## Capítulo XVIII

Compreende-se que certos indivíduos, que queriam ter sido os primeiros, nos censurem por termos ido rápido demais; que outros, por motivos contrários, nos reprochem por termos ido muito devagar; mas o que é menos explicável é, por vezes, ver essa dupla censura feita pelo mesmo indivíduo, o que não é dar prova de muita lógica. Quer sejamos aguilhoados por ir à direita ou à esquerda, nem por isso deixaremos de seguir, como temos feito até agora, a linha que nos foi traçada, na ponta da qual está o objetivo que queremos alcançar. Iremos para frente ou esperaremos, apressaremos o passo ou nos retardaremos, conforme as circunstâncias, e não segundo a opinião deste ou daquele.

O Espiritismo marcha em meio a adversários numerosos que, não o tendo podido tomar pela força, tentam tomá-lo pela astúcia; insinuam-se por toda parte, sob todas as máscaras e até nas reuniões íntimas, na esperança de aí surpreenderem um fato ou uma palavra que muitas vezes terão provocado e que esperam explorar em seu proveito. Comprometer o Espiritismo e torná-lo ridículo, tal é a tática, com o auxílio da qual esperam desacreditá-lo a princípio, para mais tarde terem um pretexto para mandar interditar, se possível, o seu exercício público. É a armadilha contra a qual devemos nos precaver, porque é estendida de todos os lados, e na qual, sem o quererem, são apanhados os que se deixam levar pelas sugestões dos Espíritos enganadores e mistificadores.

O meio de frustrar essas maquinações é seguir o mais exatamente possível a linha de conduta traçada pela Doutrina; sua moral, que é a sua parte essencial, é inatacável, não dá ensejo a nenhuma crítica fundada e a agressão se torna mais odiosa. Achar os espíritas em falta e em contradição com seus princípios seria uma boa sorte para os seus adversários; assim, vede como se empenham em acusar o Espiritismo de todas as aberrações e de todas as excentricidades pelas quais não poderia ser responsável.

A Doutrina não é ambígua em nenhuma de suas partes; é clara, precisa, categórica nos mínimos detalhes; só a ignorância e a má-fé podem enganar-se sobre o que ela aprova ou condena. É, pois, um dever de todos os espíritas sinceros e devotados repudiar e desaprovar abertamente, em seu nome, os abusos de todo gênero que pudessem comprometê-la, a fim de não lhes assumir a responsabilidade. Pactuar com os abusos seria acumpliciar-se com eles e fornecer armas aos adversários.

Os períodos de transição são sempre difíceis de passar. O Espiritismo está nesse período; atravessa-o com tanto menos dificuldade quanto mais os seus adeptos forem prudentes. Estamos em guerra; lá está o inimigo a espiar, prestes a explorar o menor passo em falso em seu proveito, e disposto a meter o pé na lama, se o puder.

Não nos apressemos, contudo, em lançar pedras e suspeições com muita leviandade, sobre aparências que poderiam ser enganosas; a caridade, aliás, faz da moderação um dever, mesmo para os que estão contra nós. A sinceridade, todavia, mesmo em seus erros, tem atitudes de franqueza com as quais não é possível equivocar-se, e que a falsidade jamais simulará completamente, porquanto, mais cedo ou mais tarde, deixa cair a máscara. Deus e os bons Espíritos permitem que ela se traia por seus próprios atos. Se uma dúvida atravessa o Espírito, deve ser apenas um motivo para se guardar reserva, o que pode ser feito sem faltar às conveniências.

(*Revista Espírita*: jornal de estudos psicológicos, ano 8, jun. 1865.)

CAPÍTULO XIX

# O Espiritismo sem os Espíritos

Ultimamente vimos uma seita tentar formar-se, arvorando como bandeira: *A negação da prece*. Acolhida em seu início por um sentimento geral de reprovação, nem chegou a viver. Os homens e os Espíritos se uniram para repelir uma doutrina que era, ao mesmo tempo, uma ingratidão e uma revolta contra a Providência. Isto não era difícil, porque, melindrando o sentimento íntimo da imensa maioria, trazia em si o seu princípio destruidor. (*Revista,* janeiro de 1866.)

Eis agora outra que se ensaia em novo terreno. Tem por divisa: *Nada de comunicação dos Espíritos*. É muito singular que esta opinião seja hoje preconizada por alguns dos que outrora exaltaram a importância e a sublimidade dos ensinamentos espíritas e que se vangloriavam do que eles próprios recebiam como médiuns. Terá mais chance de sucesso que a precedente? É o que vamos examinar em poucas palavras.

Esta doutrina, se é que se pode dar tal nome a uma opinião restrita a alguns indivíduos, fundamenta-se nos seguintes dados:

## Capítulo XIX

"Os Espíritos que se comunicam não passam de Espíritos comuns, que, até hoje, não nos ensinaram nenhuma verdade nova e que provam a sua incapacidade não saindo das banalidades da moral. O critério que se pretende estabelecer sobre a concordância de seu ensino é ilusório, por força de sua insuficiência. Cabe ao homem sondar os grandes mistérios da natureza e submeter o que eles dizem ao controle de sua própria razão. Como suas comunicações nada nos podem ensinar, proscrevemo-las de nossas reuniões. Discutiremos entre nós; buscaremos e decidiremos, em nossa sabedoria, os princípios que devem ser aceitos ou rejeitados, sem recorrer ao assentimento dos Espíritos."

Notemos que não se trata de negar o fato das manifestações, mas de estabelecer a superioridade do julgamento do homem, ou de alguns homens, sobre o dos Espíritos; numa palavra, de desvincular o Espiritismo do ensino dos Espíritos, pois as instruções destes últimos estariam abaixo do que pode a inteligência humana.

Esta doutrina conduz a uma singular consequência, que não daria uma ideia exata da superioridade da lógica do homem sobre a dos Espíritos. Graças a estes últimos, sabemos que os da ordem mais elevada pertenceram à humanidade corporal, que ultrapassaram há muito tempo, como o general ultrapassou a classe do soldado da qual saiu. Sem os Espíritos, ainda acreditaríamos que os anjos são criaturas privilegiadas e os demônios, criaturas predestinadas ao mal por toda a eternidade. "Não", dirão, "porque houve homens que combateram essa ideia." Seja; mas que eram esses homens senão Espíritos encarnados? Que influência teve sua opinião isolada sobre a crença das massas? Perguntai ao primeiro que aparecer se conhece ao menos de nome a maioria desses grandes filósofos. Ao passo que os Espíritos, vindo a toda superfície da Terra manifestar-se ao mais humilde como ao mais poderoso, a verdade propagou-se com a rapidez do relâmpago.

Os Espíritos podem dividir-se em duas categorias: os que, chegados ao ponto mais elevado da escala, deixaram definitivamente os mundos materiais, e os que, pela lei da reencarnação, ainda pertencem ao turbilhão da humanidade terrena. Admitamos que só estes últimos tenham o direito de comunicar-se com os homens, o que é uma interrogação: nesse número há os que, em vida, foram homens esclarecidos, cuja opinião fez autoridade, e que seria uma ventura consultá-los se ainda fossem vivos. Ora, da doutrina acima resultaria que esses mesmos homens superiores tornaram-se nulidades ou mediocridades ao passarem para o mundo dos Espíritos, incapazes de nos darem instrução de algum valor, ao passo que se inclinariam respeitosamente diante deles se se apresentassem em carne e osso nas mesmas assembleias onde se recusam a escutá-los como Espíritos. Disso resulta ainda que Pascal, por exemplo, não é mais uma luz desde que é Espírito, mas que, se reencarnasse num Pedro ou num Paulo, necessariamente com o mesmo gênio, já que nada teria perdido, seria um oráculo. Esta consequência é de tal modo rigorosa que os partidários deste sistema admitem a reencarnação como uma das maiores verdades. Enfim, é preciso inferir que os que colocam — supomos que de muita boa-fé — sua própria inteligência muito acima da dos Espíritos serão, eles mesmos, nulidades ou mediocridades, cuja opinião não terá valor, de sorte que seria preciso crer no que dizem quando estão vivos, e não crer amanhã, quando estiverem mortos, ainda mesmo quando viessem dizer a mesma coisa e, menos ainda, se viessem dizer que se enganaram.

Sei que se opõem à grande dificuldade da constatação da identidade. Essa questão já foi amplamente tratada, de modo que é supérfluo a ela voltar. Certamente não podemos saber, por uma prova material, se o Espírito que se apresenta sob o nome de Pascal é realmente o do grande Pascal. Que nos importa, se diz boas coisas! Cabe a nós pesar o valor de suas instruções, não

## Capítulo XIX

a forma da linguagem, que se sabe marcada, muitas vezes, pela inferioridade do instrumento, mas pela grandeza e pela sabedoria dos pensamentos. Um grande Espírito que se comunica por um médium pouco letrado é como um hábil calígrafo que se serve de uma pena ruim; no conjunto, a escrita terá o sinete do seu talento, mas os detalhes da execução, que não dependem dele, serão imperfeitos.

Jamais disse o Espiritismo que era preciso fazer abnegação de seu julgamento e submeter-se cegamente ao dizer dos Espíritos; são os próprios Espíritos que nos dizem passar todas as suas palavras pelo cadinho da lógica, ao passo que certos encarnados dizem: "Não creiais senão no que dizemos, e não acrediteis no que dizem os Espíritos." Ora, como a razão individual está sujeita a erro, e o homem, muito geralmente, é levado a tomar sua própria razão e suas ideias como a única expressão da verdade, aquele que não tem a orgulhosa pretensão de se julgar infalível a submete à apreciação da maioria. Por isso é tido como abdicador da sua opinião? De modo algum; está perfeitamente livre de crer que só ele tenha razão contra todos, mas não impedirá a opinião do maior número de prevalecer e de ter, em definitivo, mais autoridade que a opinião de um só ou de alguns.

Examinemos agora a questão sob outro ponto de vista. Quem fez o Espiritismo? É uma concepção humana, pessoal? Todo mundo sabe o contrário. O Espiritismo é o resultado do ensino dos Espíritos, de tal sorte que, sem as comunicações dos Espíritos, não haveria Espiritismo. Se a Doutrina Espírita fosse uma simples teoria filosófica nascida do cérebro humano, só teria o valor de uma opinião pessoal; saída da universalidade do ensino dos Espíritos, tem o valor de uma obra coletiva, e é por isso mesmo que em tão pouco tempo ela se propagou por toda a Terra, cada um recebendo por si mesmo, ou por suas relações íntimas, instruções idênticas e a prova da realidade das manifestações.

Pois bem, é em presença deste resultado patente, material, que se tenta erigir em sistema a inutilidade das comunicações dos Espíritos. Convenhamos que, se elas não tivessem a popularidade que adquiriram, não as atacariam, e que é a prodigiosa vulgarização dessas ideias que suscita tantos adversários ao Espiritismo. Os que hoje rejeitam as comunicações não se assemelham a essas crianças ingratas que negam e desprezam os pais? Não é ingratidão para com os Espíritos, a quem devem o que sabem? Não é servir-se do que eles ensinaram para os combater, voltar contra eles, contra seus próprios pais, as armas que nos deram? Entre os Espíritos que se manifestam não está o Espírito de um pai, de uma mãe, dos seres que nos são mais caros, dos quais se recebem essas tocantes instruções que vão diretamente ao coração? Não é a eles que devemos o fato de termos sido arrancados da incredulidade, das torturas da dúvida sobre o futuro? E é quando se goza do benefício que se desconhece a mão do benfeitor?

Que dizer dos que, tomando sua opinião pela de todo mundo, afirmam seriamente que, agora, não querem comunicações em parte alguma? Estranha ilusão! que um olhar lançado em torno deles bastaria para fazer desvanecer-se. Por seu lado, que devem pensar os Espíritos que assistem às reuniões nas quais se discute se se devem condescender em os escutar, ou se se deve, ou não, excepcionalmente, permitir-lhes a palavra para agradar os que têm a fraqueza de se prenderem às suas instruções? Sem dúvida lá se acham Espíritos ante os quais se cairia de joelhos se, nesse momento, eles se apresentassem à vista. Já pensaram no preço que podia ser pago por tal ingratidão?

Tendo os Espíritos a liberdade de comunicar-se, independentemente do seu grau de saber, resulta que há uma grande diversidade no valor das comunicações, como nos escritos, num povo em que todo mundo tem a liberdade de escrever e em que, por certo, nem todas as produções literárias são obras-primas. Segundo as qualidades individuais dos Espíritos, há, pois, comunicações boas pelo fundo e pela forma; outras que são boas pelo fundo e más pela forma; outras, enfim, que nada valem, nem pelo fundo, nem pela forma. Cabe-nos escolher. Rejeitá-las em bloco, porque algumas são más, não seria mais racional do que proscrever todas as publicações, só porque há escritores que produzem banalidades. Os melhores escritores, os maiores gênios, não têm partes fracas em suas obras? Não se fazem seleções do que produzem de melhor? Façamos o mesmo em relação às produções dos Espíritos; aproveitemos o que há de bom e rejeitemos o que é mau; mas, para arrancar o joio, não arranquemos o bom grão.

Consideremos, pois, o mundo dos Espíritos como uma réplica do mundo corporal, como uma fração da humanidade, e digamos que não devemos desdenhar de ouvi-los, agora que estão desencarnados, pois não o teríamos feito quando encarnados; estão sempre em nosso meio, como outrora; apenas estão atrás da cortina, e não à frente: eis toda a diferença.

Mas, perguntarão, qual o alcance do ensino dos Espíritos, mesmo no que há de bom, se não ultrapassa o que os homens podem saber por si mesmos? É bem certo que não nos ensinam mais nada? No seu estado de Espírito não veem o que não podemos ver? Sem eles, conheceríamos seu estado, sua maneira de ser, suas sensações? Conheceríamos, como hoje conhecemos, esse mundo onde talvez estejamos amanhã? Se esse mundo não tem para nós os mesmos terrores, se encaramos sem pavor a passagem que a ele conduz, não é a eles que o devemos? Esse mundo está completamente explorado? Diariamente ele não nos revela uma nova face? E nada é saber aonde se vai e o que se pode ser ao sair daqui? Outrora lá entrávamos tateando e estremecendo, como num abismo sem fundo; agora esse abismo é resplandecente de luz e nele se entra contente. E ainda ousam dizer que o

Espiritismo nada nos ensinou? (*Revista Espírita*, agosto de 1865: *O que ensina o Espiritismo.*)

Sem dúvida, o ensino dos Espíritos tem seus limites. Só se lhe deve pedir o que pode dar, o que está na sua essência, no seu objetivo providencial, e ele dá muito a quem sabe buscar. Mas, tal como é, já fizemos todas as suas aplicações? Antes de lhe pedir mais, sondamos as profundezas dos horizontes que nos descortina? Quanto ao seu alcance, ele se afirma por um fato material, patente, gigantesco, inaudito nos fastos da História: é que apenas em sua aurora já revoluciona o mundo e abala as forças da Terra. Que homem teria tal poder?

O Espiritismo contribui para a reforma da humanidade pela caridade. Não é, pois, de admirar que os Espíritos preguem a caridade sem cessar; eles a pregarão ainda por muito tempo, enquanto ela não houver extirpado o egoísmo e o orgulho do coração dos homens. Se alguns acham as comunicações inúteis, porque repetem incessantemente as lições de moral, devem ser cumprimentados, pois são bastante perfeitos para delas não mais necessitarem; mas devem pensar que os que não têm tanta confiança em seu próprio mérito e tomam a peito o se melhorarem não se cansam de receber bons conselhos. Não busqueis, pois, lhes tirar esse consolo.

Esta doutrina tem chances de prevalecer? Como dissemos, as comunicações dos Espíritos fundaram o Espiritismo. Repeli-las depois de as haver aclamado é querer sapar o Espiritismo pela base, arrancar seus alicerces. Tal não pode ser o pensamento dos espíritas sérios e devotados, porque seria absolutamente como aquele que se dissesse cristão negando o valor dos ensinamentos do Cristo, sob o pretexto de que sua moral é idêntica à de Platão. É nessas comunicações que os espíritas encontraram alegria, consolação, esperança; é por elas que compreenderam a necessidade do bem, da resignação, da submissão à vontade de Deus; é por elas que suportam com coragem as vicissitudes da vida; é por elas que não há mais separação real entre eles e os objetos de suas mais ternas afeições. Não é enganar-se com o coração humano crer que ele possa renunciar a uma crença que faz a felicidade!

Repetimos aqui o que dissemos a propósito da prece: se o Espiritismo deve ganhar em influência, é aumentando a soma das satisfações morais que proporciona. Que os que o acham insuficiente tal qual é se esforcem por dar mais que ele; mas não será dando menos, tirando o que faz o seu charme, a força e a popularidade que o suplantarão.

(*Revista Espírita*: jornal de estudos psicológicos, ano 9, abr. 1866.)

CAPÍTULO XX

# O Espiritismo independente

Uma carta que nos foi escrita há tempos falava do projeto de dar a uma publicação periódica o título de *Jornal do Espiritismo independente*. Sendo essa ideia o corolário da do *Espiritismo sem os Espíritos*, vamos, evidentemente, tentar colocar a questão no seu verdadeiro terreno.

Antes de mais, o que é o Espiritismo independente? Independente de quê? Uma outra carta o diz claramente: é o Espiritismo liberto, não só da tutela dos Espíritos, mas de toda direção ou supremacia pessoal, de toda subordinação às instruções de um chefe, cuja opinião não pode fazer lei, considerando-se que não é infalível.

Isto é a coisa mais fácil do mundo: existe de fato, uma vez que o Espiritismo, proclamando a liberdade absoluta de consciência, não admite nenhum constrangimento em matéria de crença, nem jamais contestou a alguém o direito de crer à sua maneira em matéria de Espiritismo, como em qualquer outra coisa. Deste ponto de vista, nós mesmos nos achamos perfeitamente independentes e queremos aproveitar esta independência. Se há subordinação, ela é, pois, inteiramente voluntária; mais ainda, não é subordinação a um homem, mas a uma ideia, que

## Capítulo XX

se adota porque convém, que sobrevive ao homem se é justa, que cai com ele ou antes dele se é falsa.

Para nos libertarmos das ideias alheias é preciso, necessariamente, que tenhamos as nossas próprias ideias; naturalmente procuramos fazer que estas prevaleçam, sem o que as guardaríamos para nós; proclamamo-las, sustentamo-las, defendemo-las, porque cremos sejam a expressão da verdade; porque admitimos a boa-fé, e não o único desejo de derrubar o que existe. O objetivo é congregar maior número possível de partidários; e aquele que não admite chefe se faz, ele mesmo, chefe de seita, buscando subordinar os outros às suas próprias ideias. Aquele que diz, por exemplo: "Não devemos mais receber instruções dos Espíritos", não emite um princípio absoluto? Não exerce uma pressão sobre os que as querem, desviando-os de as receber? Se funda uma reunião nesta base, deve excluir os partidários das comunicações, porque, se estes últimos constituíssem maioria, a tornariam lei. Se os admite e recusa obtemperar aos seus desejos, atenta contra a liberdade que têm de a reclamar. Que inscreva em seu programa: "Aqui não se dá a palavra aos Espíritos" e, então, os que desejem ouvi-los se conformarão à ordem e não se apresentarão.

Sempre dissemos que uma condição essencial de toda reunião espírita é a homogeneidade, sem o que haverá dissensão. Quem fundasse uma na base da rejeição das comunicações estaria no seu direito; se aí só admitir os que pensam com ele, faz bem, mas não tem o direito de dizer que, porque não o quer, ninguém o deve querer. Certamente é livre para agir como entender, mas, se quer a liberdade para si, deve querê-la para os outros; já que defende suas ideias e critica as dos outros, se for consequente consigo mesmo, não deve achar ruim que os outros defendam as suas e critiquem as dele.

Geralmente muitos esquecem que, acima da autoridade do homem, outra há, à qual quem quer que se faça representante de uma ideia não pode subtrair-se: é a de todo mundo. A opinião geral é a suprema jurisdição, que sanciona ou derruba o edifício dos sistemas; ninguém pode livrar-se da subordinação que ela impõe. Esta lei não é menos onipotente no Espiritismo. Quem quer que fira o sentimento da maioria e a abandone deve esperar ser por ela abandonado. Aí está a causa do insucesso de certas teorias e de certas publicações, abstração feita do mérito intrínseco destas últimas, sobre a qual por vezes se tem ilusão.

Não se deve perder de vista que o Espiritismo não está submetido a um indivíduo, nem a alguns indivíduos, nem a um círculo, nem mesmo a uma cidade, mas que seus representantes estão no mundo inteiro e que entre eles há uma opinião dominante profundamente acreditada; julgar-se forte contra todos, porque se tem o apoio de seu grupo, é expor-se a grandes decepções.

Há duas partes no Espiritismo: a dos fatos materiais e a de suas consequências morais. A primeira é necessária como prova da existência dos Espíritos, de modo que foi por ela que os Espíritos começaram; a segunda, dela decorrente, é a única que pode levar à transformação da humanidade pelo melhoramento individual. O melhoramento é, pois, o objetivo essencial do Espiritismo. É para ele que deve tender todo espírita sério. Tendo deduzido essas consequências das instruções dos Espíritos, definimos os deveres que impõe esta crença; o primeiro deles inscrevemos na bandeira do Espiritismo: *Fora da caridade não há salvação*, máxima aclamada, em seu aparecimento, como a luz do futuro, e que logo deu a volta ao mundo, tornando-se a palavra de ligação de todos quantos veem no Espiritismo algo mais que um fato material. Por toda parte foi acolhida como o símbolo da fraternidade universal, como penhor de segurança nas relações sociais, como a aurora de uma nova era, na qual devem extinguir-se os ódios e as dissensões. Compreende-se tão bem a sua importância que já se colhem seus frutos; entre os que a tomaram como regra de conduta, reinam a simpatia e a confiança, que fazem o encanto da vida social. Em todo espírita de coração vê-se um irmão com o qual nos sentimos felizes de encontrar, porque sabemos que aquele que pratica a caridade não pode fazer nem querer o mal.

Foi, pois, por nossa autoridade privada que promulgamos esta máxima? E ainda que o tivéssemos feito, quem poderia encontrá-la má? Não; ela decorre do ensino dos Espíritos, e eles mesmos a colheram nos do Cristo, nos quais está escrita com todas as letras, como pedra angular do edifício cristão, mas nos quais ficou enterrada durante dezoito séculos. O egoísmo dos homens não se dispunha a fazê-la sair do esquecimento e torná-la explícita, porque teria sido pronunciar sua própria condenação; preferiram buscar sua própria salvação nas práticas mais cômodas e menos desagradáveis. E, contudo, todo mundo havia lido e relido o Evangelho e, com pouquíssimas exceções, ninguém tinha visto esta grande verdade relegada a segundo plano. Ora, eis que, pelo ensino dos Espíritos, ela se tornou subitamente conhecida e compreendida por todos. Quantas outras verdades encerra o Evangelho e que surgirão a seu tempo! (*O evangelho segundo o espiritismo*, capítulo XV.)

Inscrevendo no frontispício do Espiritismo a suprema lei do Cristo, nós abrimos o caminho do *Espiritismo cristão*; temos, pois, motivos para desenvolver os seus princípios, bem como os caracteres do verdadeiro espírita sob esse ponto de vista.

Que outros possam fazer melhor que nós; não iremos contra, porque jamais dissemos: "Fora de nós não há verdade." Nossas instruções, pois, são para os que as acham boas; são aceitas livremente e sem constrangimento; traçamos uma rota e a segue quem quer; damos conselhos aos que no-los pedem, e não aos que julgam deles não precisar; não damos ordens a ninguém, pois não temos qualidades para tanto.

Quanto à supremacia, ela é toda moral e na adesão dos que partilham nossa maneira de ver; não estamos investidos, mesmo por aqueles, de nenhum poder oficial; não solicitamos nem reivindicamos nenhum privilégio; não nos conferimos nenhum título, e o único que tomaríamos com os partidários de nossas ideias é o de irmão em crença. Se nos consideram como seu chefe, é devido à posição que nos dão nossos trabalhos, e não em virtude de uma decisão qualquer. Nossa posição é a que qualquer um de nós poderia tomar antes de nós; nosso direito, o que tem todo mundo de trabalhar como entende e de correr o risco do julgamento do público.

De que autoridade incômoda entendem libertar-se os que querem o Espiritismo independente, uma vez que não há poder constituído nem hierarquia vedando a porta a quem quer que seja, e levando-se em conta que não temos sobre eles nenhuma jurisdição e que, se lhes aprouver afastar-se de nossa rota, ninguém poderá constrangê-los a nela entrar? Alguma vez já nos fizemos passar por profeta ou messias? Levariam eles a sério os títulos de sumo sacerdote, de soberano pontífice, mesmo de papa, com que a crítica se deleitou em nos gratificar? Não só jamais os tomamos, como os espíritas jamais no-los deram. — É do ascendente de nossos escritos? O campo lhes está aberto, como a nós, para cativarem a simpatia do público. Se há pressão, ela não vem de nós, mas da opinião geral que põe o seu veto naquilo que não lhe convém e porque ela própria sofre o ascendente do ensino geral dos Espíritos. É, pois, a estes últimos que, em última análise, se deve atribuir o estado de coisas, e é talvez o que faz que não mais os queiram escutar. — É das instruções que damos? Mas ninguém é forçado a se submeter a elas. — Devem lamentar-se de nossa censura? Jamais citamos alguém, a não ser para elogiar, e nossas instruções são dadas sob forma geral, como desenvolvimento de nossos princípios, para uso de todos. Se, aliás, são más, se nossas teorias são falsas, em que isto os pode ofuscar? O ridículo, se ridículo há, será para nós. Levam tão a sério os interesses do Espiritismo que temem vê-los periclitar em nossas mãos? — Somos absolutos demais em nossas ideias? Somos um cabeça-dura com quem nada se pode fazer? Ah! meu Deus! cada um tem os seus pequenos defeitos; temos o de não pensar ora branco, ora preto; temos uma linha traçada e dela não nos desviaremos para agradar a quem quer que seja. É provável que sejamos assim até o fim.

É nossa fortuna que invejam? Onde os nossos castelos, as nossas equipagens e os nossos lacaios? Certamente, se tivéssemos a fortuna que nos atribuem, não seria dormindo que ela teria vindo, e muitas pessoas amontoam milhões num labor menos rude. — Que fazemos, então, do dinheiro que ganhamos? Como não pedimos contas a ninguém, a ninguém temos que as dar; o que é certo é que não serve para os nossos prazeres. Quanto a empregar para pagar agentes e espiões, devolvemos a calúnia à sua origem. Temos que nos ocupar com coisas mais importantes do que saber o que faz este ou aquele. Se fazem bem, não devem temer nenhuma investigação; se fazem mal, isso é lá com eles. Se há os que ambicionam a nossa posição, é no interesse do Espiritismo ou no deles? Que a tomem, pois, com *todos os seus encargos*, e provavelmente não acharão que seja uma sinecura tão agradável quanto supõem. Se acham que conduzimos mal o barco, quem os impedia de tomar o leme antes de nós? E quem os impede ainda hoje? — Lamentam-se de nossas intrigas para fazermos partidários? Nós esperamos que venham a nós, pois não vamos procurar ninguém; nem sequer corremos atrás dos que nos deixam, porque sabemos que não podem entravar a marcha das coisas; sua personalidade se apaga diante do conjunto. Por outro lado, não somos bastante presunçosos para crer que seja por nossa pessoa que se ligam a nós; evidentemente é pela ideia de que somos o representante. É, pois, a esta ideia que reportamos os testemunhos de simpatia que hão por bem nos dar.

Em suma, o Espiritismo independente seria aos nossos olhos uma insensatez, porque a independência existe de fato e de direito e não há disciplina imposta a ninguém. O campo de exploração está aberto a todos; o juiz supremo do torneio é o público; a palma é para quem sabe conquistá-la. Tanto pior para os que caem antes de atingir a meta.

Falar dessas opiniões divergentes que, em última análise, se reduzem a algumas individualidades, e em parte alguma formam corpo, não será, talvez digam algumas pessoas, ligar a isto muita importância, assustar os adeptos fazendo-os crer em cisões mais profundas do que realmente o são? Não é, também, fornecer armas aos inimigos do Espiritismo?

É precisamente para prevenir esses inconvenientes que disto falamos. Uma explicação clara e categórica, que reduz a questão ao seu justo valor, é mais adequada para assegurar do que para amedrontar os adeptos; eles sabem como proceder e aí encontram argumentos para a réplica. Quanto aos adversários, já exploraram o fato muitas vezes, e foi por terem exagerado o seu alcance que é útil mostrar como a coisa funciona. Para mais ampla resposta, remetemos o leitor ao artigo da *Revista* de outubro de 1865.

(*Revista Espírita*: jornal de estudos psicológicos, ano 9, abr. 1866.)

## CAPÍTULO XXI

# Projeto de caixa geral de socorro e outras instituições para os espíritas

Num dos grupos espíritas de Paris, um médium recebeu, ultimamente, a seguinte comunicação do Espírito de sua avó:

"Meu caro filho, vou falar-te um instante das questões de caridade que te preocupavam esta manhã quando ias ao trabalho.

"As crianças que são entregues a amas mercenárias e as mulheres pobres que são forçadas, abdicando do pudor que lhes é caro, a servir nos hospitais de material experimental aos médicos e aos estudantes de Medicina são duas grandes chagas que todos os bons corações devem aplicar-se em curar, e isto não é impossível. Que os espíritas façam como os católicos, contribuindo com alguns centavos por semana e capitalizando esses recursos, de modo a chegarem a fundações sérias, grandes e verdadeiramente eficazes. A caridade que alivia um mal presente é uma caridade santa, que encorajo com todas as minhas forças; mas a caridade que se perpetua nas fundações imortais, destinada a aliviar as misérias, é a caridade inteligente e que me tornaria feliz ao vê-la posta em prática.

"Gostaria que um trabalho fosse elaborado visando a criar, inicialmente, um primeiro estabelecimento de proporções restritas. Quando se tivesse visto o bom resultado dessa primeira criação, passar-se-ia a outra, que seria aumentada pouco a pouco, como Deus quer que seja aumentada, porque o progresso se realiza em marcha lenta, sábia, calculada. Repito que o que proponho não é difícil; não haveria um só espírita verdadeiro que ousasse faltar ao apelo para o alívio de seus semelhantes, e os espíritas são bastante numerosos para formar, pelo acúmulo de algumas moedas por semana, um capital suficiente para um primeiro estabelecimento destinado a mulheres doentes, que seriam cuidadas por mulheres e que então deixariam de ocultar seus sofrimentos para salvar o seu pudor.

"Entrego estas reflexões às meditações das pessoas benevolentes que assistem à sessão e estou bem convicta de que elas darão bons frutos. Os grupos da província se congregariam prontamente a uma ideia tão bela e, ao mesmo tempo, tão útil e tão paternal. Aliás, seria um monumento do valor moral do Espiritismo, tão caluniado, hoje e ainda por muito tempo, encarniçadamente.

"Eu disse que a caridade local é boa, aproveita a um indivíduo, mas não eleva o espírito das massas como uma obra durável. Seria belo que se pudesse repelir a calúnia, dizendo aos caluniadores: 'Eis o que fizemos. Reconhece-se a árvore pelo fruto; uma árvore má não dá bons frutos, e uma boa árvore não os dá maus.'

"Pensai também nas pobres crianças que saem dos hospitais e que vão morrer em mãos mercenárias, dois crimes simultâneos: o de entregar a criança desarmada e fraca, e o crime daquele que a sacrificou sem piedade. Que todos os corações elevem seus pensamentos para as tristes vítimas da sociedade imprevidente, e que se esforcem por encontrar uma boa solução para as salvar de suas misérias. Deus quer que se tente, e dá os meios de o alcançar; é preciso agir. Triunfa-se quando se tem fé, e a fé transporta montanhas. Que o Sr. Kardec trate a questão em seu jornal e vereis como será aclamada com calor e entusiasmo.

"Eu disse que era preciso um monumento material que atestasse a fé dos espíritas, como as pirâmides do Egito atestam a vaidade dos faraós; mas, em vez de fazer loucuras, fazei obras que levem o selo do próprio Deus. Todo mundo deve compreender-me; não insisto.

"Retiro-me, meu caro filho. Como vês, tua boa avó ama sempre os seus filhotes, como te amava quando eras pequenino. Quero que tu os ames como eu, e que penses em encontrar uma boa organização. Poderás, se o quiseres; e, se necessário, nós te ajudaremos. Eu te abençoo."

Marie G...

A ideia de uma caixa central e geral de socorro, formada entre os espíritas, já foi concebida e manifestada por homens animados de excelentes intenções. Mas não basta que uma ideia seja grande, bela e generosa; antes de tudo é preciso que seja exequível. Certamente, temos dado mostras suficientes de nosso devotamento à causa do Espiritismo, para não ser suspeito de indiferença a seu respeito. Ora, é precisamente em razão de nossa própria solicitude que procuramos nos resguardar contra o entusiasmo que cega. Antes de empreender uma coisa, é preciso friamente calcular-lhe os prós e os contras, a fim de evitar reveses sempre deploráveis, que não deixariam de ser explorados por nossos adversários.

O Espiritismo só deve marchar com segurança, e quando põe o pé num lugar deve estar seguro de pisar terreno firme.

## Capítulo XXI

Nem sempre a vitória é do mais apressado, mas com muito mais probabilidade daquele que sabe esperar o momento propício. Há resultados que não podem ser senão obra do tempo e da infiltração da ideia no espírito das massas. Saibamos, pois, esperar que a árvore esteja formada, antes de lhe pedir uma colheita abundante.

Desde muito tempo nós vos propúnhamos tratar a fundo esta questão, para a colocar em seu verdadeiro terreno e premunir contra as ilusões de projetos mais generosos do que sensatos, e cujo insucesso teria consequências lamentáveis. A comunicação relatada acima, e sobre a qual houveram por bem pedir a nossa opinião, nos fornece uma ocasião muito natural. Examinaremos, pois, tanto o projeto de centralização dos recursos, quanto o de algumas outras instituições e estabelecimentos especiais para o Espiritismo.

Antes de tudo convém dar-se conta do estado real das coisas. Sem dúvida os espíritas são muito numerosos, e seu número cresce sem cessar. Sob esse aspecto oferece um espetáculo único, o de uma propagação inaudita na história das doutrinas filosóficas, porque não há uma só, sem excetuar o Cristianismo, que tenha congregado tantos partidários em tão poucos anos. Isto é um fato notório, que confunde os próprios antagonistas. E o que não é menos característico, é que essa propagação, em vez de fazer-se num centro único, opera-se simultaneamente em toda a superfície do globo e em milhares de centros. Disso resulta que os adeptos, a despeito de serem muito numerosos, ainda não formam uma aglomeração compacta.

Essa dispersão, que à primeira vista parece uma causa de fraqueza, é, ao contrário, um elemento de força. Cem mil espíritas disseminados numa região fazem mais pela propagação da ideia do que se estivessem amontoados numa cidade. Cada individualidade é um foco de ação, um germe que produz rebento;

por sua vez, cada rebento produz mais ou menos e os ramos se reúnem pouco a pouco e cobrem a região mais prontamente do que se a ação partisse de um ponto único; é absolutamente como se um punhado de grãos fosse lançado ao vento, em vez de serem postos todos juntos no mesmo buraco. Além disso, por esta quantidade de pequenos centros a Doutrina é menos vulnerável do que se tivesse um só, contra o qual seus inimigos poderiam assestar todas as suas forças. Um exército primitivamente compacto, dispersado pela força ou por outra causa qualquer, é um exército perdido. Aqui o caso é completamente diferente: a disseminação dos espíritas não é um caso de dispersão, mas um estado primitivo tendendo à concentração, para formar uma vasta unidade. A primeira está no fim; a segunda no seu nascimento.

Àqueles, pois, que se queixam do seu isolamento numa localidade, respondemos: Ao contrário, agradecei ao Céu por vos haver escolhido como pioneiros da obra em vossa região. Cabe a vós lançar as primeiras sementes; talvez não germinem imediatamente; talvez não recolhereis os frutos; talvez mesmo tenhais de sofrer em vosso labor, mas pensai que não se prepara uma terra sem trabalho e ficai certos de que, mais cedo ou mais tarde, o que tiverdes semeado frutificará. Quanto mais ingrata a tarefa, mais mérito tereis, ainda que somente abrísseis caminho aos que vierem depois de vós.

Certamente, se os espíritas devessem ficar sempre no estado de isolamento, seria uma causa permanente de fraqueza, mas a experiência prova a que ponto a Doutrina é vivaz e sabe-se que por um ramo abatido há dez que renascem. Sua generalização, pois, é uma questão de tempo. Ora, por mais rápida que seja a sua marcha, ainda é preciso tempo suficiente e, enquanto se trabalha a obra, é preciso saber esperar que o fruto esteja maduro antes de o colher.

## Capítulo XXI

Esta disseminação momentânea dos espíritas, essencialmente favorável à propagação da Doutrina, é um obstáculo à execução de obras coletivas de certa importância, pela dificuldade, se não mesmo pela impossibilidade, de reunir num mesmo ponto elementos suficientemente numerosos.

Dirão que é precisamente para remediar esse inconveniente, para apertar os laços de confraternidade entre os membros isolados da grande família espírita, que se propôs a criação de uma caixa central de socorro. Na verdade é um pensamento grande e generoso, que seduz à primeira vista; mas já se refletiu nas dificuldades de execução?

Uma primeira questão se apresenta. Até onde se estenderia a ação dessa caixa? Limitar-se-ia à França ou compreenderia os outros países? Há espíritas em todo o globo. Não são nossos irmãos os de todos os países, de todas as castas e de todos os cultos? Se, pois, a caixa recebesse contribuições de espíritas estrangeiros, o que aconteceria infalivelmente, teria o direito de limitar sua assistência a uma única nacionalidade? Poderia, conscienciosamente e caridosamente, perguntar ao que sofre se é russo, polonês, alemão, espanhol, italiano ou francês? A menos que faltasse ao seu título, ao seu objetivo, ao seu dever, deveria estender sua ação do Peru à China. Basta pensar na complicação da máquina administrativa de uma tal empresa para ver quanto ela é quimérica.

Supondo que se circunscrevesse à França, não seria menos uma administração colossal, um verdadeiro ministério. Quem quereria assumir a responsabilidade de uma tal gerência de fundos? Para uma gestão dessa natureza não bastariam a integridade e o devotamento: seria necessária uma alta capacidade administrativa. Admitamos, contudo, vencidas as primeiras dificuldades; como exercer um controle eficaz sobre a extensão e a realidade das necessidades, sobre a sinceridade da qualidade de espírita?

Semelhante instituição logo veria surgirem adeptos, ou que se dizem como tais, aos milhões, mas não seriam estes que alimentariam a caixa. Do momento em que esta existisse, julgá-la-iam inesgotável, e em breve ela se veria impossibilitada de satisfazer a todas as exigências de seu mandato. Fundada em tão vasta escala, consideramo-la impraticável, e por nossa conta pessoal não lhe daríamos a mão.

Além disso, não seria de temer que ela encontrasse oposição à sua própria constituição? O Espiritismo apenas nasce e ainda não está, por toda parte, em estado de perfeição espiritual para que se julgue ao abrigo de suposições malevolentes. Não poderiam enganar-se quanto às suas intenções numa operação desse gênero? Supor que, sob uma capa, oculte outro objetivo? Numa palavra, fazer assimilações de que seus adversários alegariam exceção de justiça, para excitar a desconfiança contra si? Por sua natureza, o Espiritismo não é nem pode ser uma filiação, nem uma congregação. Deve, pois, no seu próprio interesse, evitar tudo quanto lhe desse tal aparência.

Então é preciso que, por medo, o Espiritismo fique estacionário? Não é agindo, dirão, que ele mostrará o que é, que dissipará as desconfianças e frustrará a calúnia? Sem nenhuma dúvida; mas não se deve pedir à criança o que exige as forças da idade viril. Longe de servir ao Espiritismo, seria comprometê-lo e expô-lo aos golpes e às gargalhadas dos adversários e misturar seu nome a coisas quiméricas. Certamente ele deve agir, mas no limite do possível. Deixemos-lhe, pois, tempo para adquirir as forças necessárias e então dará mais do que se pensa. Ele nem mesmo está completamente constituído em teoria; como querem que dê o que só pode ser resultado do complemento da Doutrina?

Aliás, há outras considerações que importam levar em conta.

O Espiritismo é uma crença filosófica e basta simpatizar com os princípios fundamentais da Doutrina para ser espírita.

## Capítulo XXI

Falamos dos espíritas convictos, e não dos que lhe tomam a máscara, por motivos de interesse ou outros igualmente inconfessáveis. Esses não fazem número; neles não há nenhuma convicção; hoje se dizem espíritas, na esperança de aí encontrar vantagens; amanhã serão adversários, se não encontrarem o que procuravam; ou então se farão de vítimas de seu devotamento fictício e acusarão os espíritas de ingratidão por não os sustentar. Não seriam os últimos a explorar a caixa geral, para se indenizarem de especulações frustras ou repararem desastres causados por sua incúria ou sua imprevidência, e a lhe atirarem a pedra, se ela não os satisfaz. Não é para admirar, pois todas as opiniões contam com semelhantes auxiliares e veem a representação de semelhantes comédias.

Há também a massa considerável dos espíritas de intuição; os que o são pela tendência e predisposição de suas ideias, sem estudo prévio; os indecisos, que ainda flutuam, esperando os elementos de convicção que lhes são necessários. Podemos, sem exagero, avaliá-los em um quarto da população. É o grande reservatório em que se recrutam os adeptos, mas ainda não contam no número.

Entre os espíritas reais — os que constituem o verdadeiro corpo dos aderentes — há certas distinções a fazer. Em primeira linha deve-se colocar os adeptos de coração, animados de uma fé sincera, que compreendem o objetivo e o alcance da Doutrina e lhe aceitam todas as consequências para si mesmos; seu devotamento é a toda prova e sem segunda intenção; os interesses da causa, que são os da humanidade, lhes são sagrados e jamais os sacrificam a uma questão de amor-próprio ou de interesse pessoal. Para eles, o lado moral não é simples teoria: esforçam-se por pregar pelo exemplo; não só têm a coragem de sua opinião: disto fazem uma glória e, se necessário, sabem pagar com sua pessoa.

Em seguida vêm os que aceitam a ideia como filosofia, porque lhes satisfaz à razão, mas cuja fibra moral não é suficientemente tocada para compreender as obrigações que a Doutrina impõe aos que a assimilam. O homem velho está sempre lá e a reforma de si mesmos lhes parece uma tarefa por demais pesada, mas como não estão menos firmemente convencidos, entre eles encontram-se propagadores e defensores zelosos.

Depois há as pessoas levianas, para quem o Espiritismo está todo inteiro nas manifestações. Para estes é um fato, e nada mais; o lado filosófico passa despercebido; o atrativo da curiosidade é o seu principal móvel: extasiam-se perante um fenômeno e ficam frios diante de uma consequência moral.

Finalmente, há o número ainda muito grande dos espíritas mais ou menos sérios, que não puderam colocar-se acima dos preconceitos e do que dirão, contidos pelo temor do ridículo; aqueles que considerações pessoais ou de família, com interesses por vezes respeitáveis a gerir, de algum modo são forçados a manter-se afastados. Todos esses, numa palavra, que por uma causa ou por outra, boa ou má, não se põem em evidência. A maior parte não desejaria mais do que se confessar, mas eles não ousam ou não o podem. Isto virá mais tarde, à medida que virem outros fazê-lo e que não houver perigo; serão os espíritas de amanhã, como outros são os da véspera. Todavia, não se pode exigir muito deles, porque é preciso uma força de caráter, que não é dada a todos, para enfrentar a opinião em certos casos. É preciso, pois, levar em conta a fraqueza humana. O Espiritismo não tem o privilégio de transformar subitamente a humanidade e se nos podemos admirar de alguma coisa, é do número de reformas que ele já operou em tão pouco tempo; enquanto nuns, em que ele encontra o terreno preparado, entra, por assim dizer, de uma vez, noutros só penetra gota a gota, conforme a resistência que encontra no caráter e nos hábitos.

## Capítulo XXI

Todos esses adeptos contam no número e, por mais imperfeitos que sejam, são sempre úteis, embora em limites restritos. Até nova ordem, se só servissem para diminuir as fileiras da oposição, já seria alguma coisa. É por isso que não se pode desdenhar nenhuma adesão sincera, mesmo parcial.

Quando se trata, porém, de uma obra coletiva importante, na qual cada um deve trazer seu contingente de ação, como seria a de uma caixa geral, por exemplo, convém ter em mente essas considerações, porque a eficácia do concurso que se pode esperar está na razão da categoria à qual pertencem os adeptos. É bem evidente que não se pode contar muito com os que não levam a sério o lado moral da Doutrina e, ainda menos, com os que não ousam mostrar-se.

Restam, pois, os adeptos da primeira categoria. Destes, certamente, tudo se pode esperar; são soldados de vanguarda, que não esperam, na maioria das vezes, senão serem chamados, quando se trata de dar prova de abnegação e de devotamento. Mas, numa cooperação financeira, cada um contribui conforme os seus recursos, e o pobre só pode dar o seu óbolo. Aos olhos de Deus este óbolo tem grande valor, mas para as necessidades materiais tem apenas o seu valor intrínseco. Desfalcando todos aqueles cujos meios de subsistência são limitados, aqueles mesmos que só pensam no dia de hoje, o número dos que poderiam contribuir um pouco largamente e de maneira eficaz é relativamente restrito.

Uma observação ao mesmo tempo interessante e instrutiva é a da proporção dos adeptos segundo as categorias. Essa proporção variou sensivelmente e se modifica em razão dos progressos da Doutrina. Mas neste momento pode ser avaliada, aproximadamente, da maneira seguinte: 1ª categoria – espíritas completos, de coração e devotamento: 10%; 2ª categoria – espíritas incompletos; buscam mais o lado científico que o lado moral: 25%; 3ª categoria – espíritas levianos, os que só se interessam pelos fatos materiais: 5% (esta proporção era inversa há dez anos); 4ª categoria – espíritas não confessos ou que se ocultam: 60%.

Relativamente à posição social, pode-se fazer duas classes gerais: de um lado, aqueles cuja fortuna é independente; do outro, os que vivem de seu trabalho. Em 100 espíritas da primeira categoria, há em média 5 ricos contra 95 trabalhadores; na segunda, 70 ricos e 30 trabalhadores; na terceira, 80 ricos e 20 trabalhadores; na quarta, 99 ricos e 1 trabalhador.

Desse modo, seria ilusão pensar que em tais condições uma caixa geral pudesse satisfazer a todas as necessidades, quando a do mais rico banqueiro não seria suficiente. Não bastariam alguns milhares de francos anualmente, mas milhões.

De onde vem essa diferença na proporção entre os ricos e os que não o são? A razão é muito simples: os aflitos encontram no Espiritismo um imenso consolo, que os ajuda a suportar o fardo das misérias da vida; dá-lhes a razão dessas misérias e a certeza de uma compensação. Não é, pois, surpreendente que, gozando mais benefício, o apreciem mais e o tomem mais a peito que os felizes do mundo.

Admiram-se de que, quando semelhantes projetos vieram à tona, não nos tivéssemos apressado em os apoiar e patrocinar. É que, antes de tudo, nos apegamos a ideias positivas e práticas; para nós o Espiritismo é uma coisa muito séria para o comprometer prematuramente em caminhos nos quais pudesse encontrar decepções. De nossa parte, não há nisso nem indiferença, nem pusilanimidade, mas prudência, e sempre que estivermos maduros para ir à frente, não ficaremos na retaguarda. Não que nos atribuamos mais perspicácia do que aos outros, mas, como a nossa posição nos permite a visão de conjunto, podemos julgar o forte e o fraco talvez melhor do que os que se acham num círculo restrito. Aliás, damos a nossa opinião e não pretendemos impô-la a ninguém.

## Capítulo XXI

O que acaba de ser dito a respeito da criação de uma caixa geral e central de socorro aplica-se naturalmente aos projetos de fundação de estabelecimentos hospitalares e outros. Ora, aqui a utopia é ainda mais evidente. Se é fácil lançar um projeto sobre o papel, o mesmo não se dá quando se chega às vias e meios de execução. Construir um edifício *ad hoc* já é muito, e quando estivesse pronto, seria preciso provê-lo de pessoal suficiente e capaz, e depois assegurar a sua manutenção, porque tais estabelecimentos custam muito e nada rendem. Não são apenas grandes capitais que se exigem, mas grandes rendimentos. Admitindo-se, contudo, que à força de perseverança e de sacrifícios se chegasse a criar um pequeno modelo, quão mínimas não seriam as necessidades a que poderia satisfazer, em relação à massa e à disseminação dos necessitados em um vasto território! Seria uma gota d'água no oceano; e, se há tantas dificuldades para um só, mesmo em pequena escala, seria muito pior se se tratasse de os multiplicar. Na realidade, o dinheiro assim empregado não adiantaria, pois, senão a alguns indivíduos, ao passo que, judiciosamente repartido, ajudaria a viver um grande número de infelizes.

Seria um modelo, um exemplo; seja. Mas por que se esforçar por criar quimeras, quando as coisas existem prontas, montadas, organizadas, com meios mais poderosos do que jamais disporão os particulares? Esses estabelecimentos deixam a desejar; há abusos, não correspondem a todas as necessidades, isto é evidente e, contudo, se os comparamos ao que eram há menos de um século, constatamos uma imensa diferença e um progresso constante; cada dia vemos a introdução de um melhoramento. Não se poderia, pois, duvidar que com o tempo novos progressos fossem realizados pela força das coisas. As ideias espíritas devem, infalivelmente, apressar a reforma de todos os abusos, porque, melhor que outras, penetram os homens com o sentimento de seus deveres. Por toda parte onde se introduzem, os abusos caem e o progresso se realiza. Devemos, pois, nos empenhar em as espalhar: aí está a coisa possível e prática, a verdadeira alavanca, alavanca irresistível, quando tiver adquirido a força suficiente pelo desenvolvimento completo dos princípios e pelo número dos aderentes sérios.

A julgar do futuro pelo presente, pode-se afirmar que o Espiritismo terá levado à reforma de muitas coisas muito antes que os espíritas tenham podido acabar o primeiro estabelecimento do gênero desse de que falamos, se algum dia o empreendessem, mesmo que tivessem de dar um centavo por semana. Por que, então, consumir energias em esforços supérfluos, em vez de concentrá-las num ponto acessível e que seguramente deve conduzir ao objetivo? Mil adeptos ganhos à causa e espalhados em mil locais diferentes apressarão mais a marcha do progresso do que um edifício.

O Espiritismo, diz o Espírito que ditou a comunicação anterior, deve firmar-se e mostrar o que é por um monumento durável, erguido à caridade. Mas de que serviria um monumento à caridade, se a caridade não estiver no coração? Ele ergue um mais durável que um monumento de pedra: é a Doutrina e suas consequências para o bem da humanidade. É nisto que cada um deve trabalhar com todas as suas forças, porque durará mais que as pirâmides do Egito.

Pelo fato de esse Espírito se enganar, segundo nós, sobre tal ponto, isto nada lhe retira de suas qualidades; incontestavelmente está animado de excelentes sentimentos. Mas um Espírito pode ser muito bom sem ser um apreciador infalível de todas as coisas. Nem todo bom soldado é, necessariamente, um bom general.

Um projeto de realização menos quimérica é o da formação de sociedades de socorros mútuos entre os espíritas de uma mesma localidade. Mas, ainda aqui, não se pode escapar a algumas das dificuldades que assinalamos: a falta de aglomeração e a cifra ainda restrita daqueles com os quais se pode contar para um concurso efetivo. Outra dificuldade vem da falsa assimilação que fazem dos espíritas e de certas classes de indivíduos. Cada profissão apresenta uma delimitação claramente marcada. Pode-se facilmente estabelecer uma sociedade de socorros mútuos entre gente de uma mesma profissão, entre os de um mesmo culto, porque se distinguem por algo de característico, e por uma posição de certo modo oficial e reconhecida. Assim não se dá com os espíritas que, como tais, não são registrados em parte alguma e cuja crença não é constatada por nenhum diploma. Há-os em todas as classes da sociedade, em todas as profissões, em todos os cultos, e em parte alguma constituem uma classe distinta. Sendo o Espiritismo uma crença fundada numa convicção íntima, da qual não se devem contas a ninguém, quase que só se conhecem os que se põem em evidência ou frequentam os grupos, e não o número muito mais considerável dos que, sem se ocultar, não participam de nenhuma reunião regular. Eis por que, apesar da certeza de que os adeptos são numerosos, muitas vezes é difícil chegar a uma cifra bastante, quando se trata de uma operação coletiva.

Com respeito às sociedades de socorros mútuos, apresenta-se uma outra consideração. O Espiritismo não forma, nem deve formar, classe distinta, já que se dirige a todos; por seu princípio mesmo deve estender sua caridade indistintamente, sem inquirir da crença, porque todos os homens são irmãos; se fundar instituições de caridade exclusivas para os seus adeptos, será forçado a perguntar a quem reclama assistência: "Sois dos nossos? Que provas nos dais? Se não, nada podemos fazer por vós." Assim, mereceria a censura de intolerância, que dirige aos outros. Não; para fazer o bem, o espírita não deve sondar a consciência e a opinião e, ainda que tivesse à sua frente um inimigo de sua fé, mas infeliz, deve vir em seu auxílio nos limites de suas faculdades. É agindo assim que o Espiritismo mostrará o que é e provará que vale mais do que o que lhe opõem.

As sociedades de socorros mútuos multiplicam-se por todos os lados e em todas as classes de trabalhadores. É uma excelente instituição, prelúdio do reino da fraternidade e da solidariedade, de que se sente necessidade; aproveitam aos espíritas que delas fazem parte, como a todo o mundo. Por que, então, fundá-las só para eles e excluir os outros? Que ajudem a propagá-las, porque são úteis; que, para as tornar melhores, nelas façam penetrar o elemento espírita, nelas penetrando eles próprios, pois isso seria mais proveitoso para eles e para a Doutrina. Em nome da caridade evangélica, inscrita em sua bandeira, em nome dos interesses do Espiritismo, nós os intimamos a evitar tudo quanto pudesse estabelecer uma barreira entre eles e a sociedade. Enquanto o progresso moral tende a diminuir as que dividem os povos, o Espiritismo não as deve erguer; é de sua essência penetrar em toda parte; sua missão, melhorar tudo o que existe. O Espiritismo falharia se se isolasse.

Deve a beneficência ficar individual e, neste caso, sua ação não será mais limitada do que se for coletiva? A beneficência coletiva tem vantagens incontestáveis e, bem longe de desestimulá-la, nós a encorajamos. Nada mais fácil do que praticá-la em grupos, recolhendo por meio de cotizações regulares ou de donativos facultativos os elementos de um fundo de socorro. Mas, então, agindo num círculo restrito, o controle das verdadeiras necessidades é fácil; o conhecimento que delas se pode ter permite uma distribuição mais justa e mais proveitosa; com uma soma módica, bem distribuída e dada de propósito, pode-se prestar mais serviços reais que com uma grande soma dada sem conhecimento de causa e, a bem dizer, ao acaso. É, pois, necessário dar-se conta de certos detalhes se não se quiser gastar inutilmente seus recursos. Ora, compreende-se que tais cuidados seriam impossíveis se se operasse em vasta escala. Aqui, nada de complicação administrativa, nada de pessoal burocrático; algumas pessoas de boa vontade, e eis tudo.

Por conseguinte, não podemos senão encorajar com todas as nossas forças a beneficência coletiva nos grupos espíritas. Nós a conhecemos em Paris, na província e no estrangeiro, fundadas, se não exclusivamente, ao menos principalmente com esse objetivo, e cuja organização nada deixa a desejar. Lá, membros dedicados vão aos domicílios inquirir dos sofrimentos e levar o que às vezes vale mais que os socorros materiais: as consolações e os encorajamentos. Honra a eles, pois bem merecem do Espiritismo! Se cada grupo agir assim em sua esfera de atividade, todos juntos realizarão maior soma de bem do que o faria uma caixa central quatro vezes mais rica.

(*Revista Espírita*: jornal de estudos psicológicos, ano 9, jul. 1866.)

CAPÍTULO XXII

# Olhar retrospectivo sobre o Movimento Espírita

Não resta dúvida a ninguém, tanto para os adversários quanto para os partidários do Espiritismo, de que esta questão, mais que nunca, agita os espíritos. Será esse movimento um fogo de palha, como alguns fingem dizer? Mas esse fogo de palha já dura 15 anos e, em vez de se extinguir, sua intensidade só faz aumentar de ano para ano. Ora, não é este o caráter das coisas efêmeras e que só se dirigem à curiosidade. O último levante com que esperavam sufocá-lo apenas o reavivou, superexcitando a atenção dos indiferentes. A tenacidade desta ideia nada tem que possa surpreender quem quer que haja sondado a profundidade e a multiplicidade das raízes pelas quais se liga aos mais graves interesses da humanidade. Os que se admiram apenas viram a superfície; a maioria só o conhece de nome, mas não lhe compreendem o objetivo, nem o alcance.

Se uns combatem o Espiritismo por ignorância, outros o fazem precisamente porque lhe sentem toda a importância, pressentem o seu futuro e nele veem um poderoso elemento regenerador. Há que se persuadir de que certos adversários estão perfeitamente convertidos. Se estivessem menos convencidos das verdades que ele encerra, não lhe fariam tanta oposição. Sentem que o penhor de seu futuro está no bem que faz. Fazer ressaltar esse bem aos seus olhos, longe de os acalmar, é aumentar a causa de sua irritação. Tal foi, no século XV, a numerosa classe de escritores copistas que de bom grado teriam queimado Gutenberg e todos os impressores. Não seria demonstrando os benefícios da imprensa, que os ia suplantar, que os teria apaziguado.

Quando uma coisa está certa e é chegado o tempo de sua eclosão, ela marcha a despeito de tudo. A força de ação do Espiritismo é atestada por sua persistente expansão, malgrado os poucos esforços que faz para se expandir. Há um fato constante: *os adversários do Espiritismo consumiram mil vezes mais forças para o abater, sem o conseguir, do que seus partidários para o propagar.* Ele avança, por assim dizer, só, semelhante a um curso d'água que se infiltra através das terras, abre uma passagem à direita, se o barram à esquerda, e pouco a pouco mina as pedras mais duras, acabando por fazer desabar montanhas.

Um fato notório é que, *em seu conjunto*, a marcha do Espiritismo não sofreu nenhuma interrupção; ela pôde ser entravada, reprimida, retardada em algumas localidades por influências contrárias, mas, como dissemos, a corrente, barrada num ponto, aparece em cem outros; em vez de correr em abundância, divide-se numa porção de filetes. Entretanto, à primeira vista, dir-se-ia que sua marcha é menos rápida do que foi nos primeiros anos. Deve-se concluir que o abandonam? Que encontra menos simpatia? Não, mas simplesmente que o trabalho que ele realiza neste momento é diferente e, por sua natureza, menos ostensivo.

Como já dissemos, desde o começo o Espiritismo ligou a si todos os homens nos quais estas ideias estavam, de certo modo, no estado de intuição. Bastou-lhe apresentar-se para ser compreendido e aceito. Imediatamente recolheu por toda parte onde encontrou o terreno preparado. Uma vez feita essa primeira colheita, restavam os terrenos incultos, que reclamavam mais trabalho. É agora por meio das opiniões refratárias que se deve fazer a luz, e é o período em que nos encontramos. Semelhante ao mineiro que retira sem esforço as primeiras camadas de terra móvel, chegou à rocha que é preciso rebentar e no seio da qual só pouco a pouco pode penetrar. Mas não há rocha, por mais dura que seja, que resista indefinidamente a uma ação dissolvente contínua. Sua marcha é, pois, ostensivamente menos rápida, mas se, num dado tempo, não congrega tão grande número de adeptos francamente confessos, não abala menos as convicções contrárias, que caem não de um golpe, mas pouco a pouco, até que a brecha esteja feita. É o trabalho a que assistimos, e que marca a fase atual do progresso da Doutrina.

Esta fase é caracterizada por sinais inequívocos. Examinando a situação, torna-se evidente que a ideia ganha terreno diariamente e se aclimata; encontra menos oposição; riem menos e os mesmos que ainda não a aceitam começam a lhe conceder foros de cidadania entre as opiniões. Os espíritas já não são mostrados a dedo, como outrora, e vistos como animais curiosos; é o que constatam sobretudo os que viajam. Por toda parte encontram mais simpatia ou menos antipatia pela coisa. Não se pode negar que não haja nisto um progresso real.

Para compreender as facilidades e as dificuldades que o Espiritismo encontra em seu caminho, há que se observar a diversidade das opiniões, através das quais deve abrir passagem. Jamais se impondo pela força ou pelo constrangimento, mas só pela convicção, ele encontrou uma resistência mais ou menos grande, conforme a natureza das convicções existentes, com as quais podia assimilar-se mais ou menos facilmente, sendo recebido de braços abertos por umas, e repelido com obstinação por outras.

## Capítulo XXII

Duas grandes correntes de ideia dividem a sociedade atual: o espiritualismo e o materialismo. Embora este último forme uma incontestável minoria, não se pode esconder que tomou grande extensão desde alguns anos. Um e outro se fracionam numa porção de nuanças, que se podem resumir nas principais categorias seguintes:

1º) – *Os fanáticos de todos os cultos.* – 0.

2º) – *Os crentes satisfeitos*, com convicções absolutas, fortemente decididos e sem restrições, embora sem fanatismo, sobre todos os pontos do culto que professam e com o qual estão satisfeitos. Esta categoria também compreende as seitas que, por terem aberto cisão e operado reformas, se julgam de posse de toda a verdade e, por vezes, são mais absolutas do que as religiões-mãe. – 0.

3º) – *Os crentes ambiciosos*, inimigos das ideias emancipadoras, que lhes poderiam fazer perder o ascendente que exercem sobre a ignorância. – 0.

4º) – *Os crentes pela forma*, que, por interesse, simulam uma fé que não têm e quase sempre se mostram mais rígidos e mais intolerantes que as religiões sinceras. – 0.

5º) – *Os materialistas por sistema*, que se apoiam numa teoria racional e na qual muitos se obstinariam contra a evidência, por orgulho, para não confessar que puderam enganar-se; são, em maioria, tão absolutos e intolerantes em sua incredulidade quanto os fanáticos religiosos em sua crença. – 0.

6º) – *Os sensualistas*, que repelem as doutrinas espiritualistas e espíritas, temerosos de que elas os venham perturbar em seus prazeres materiais. Fecham os olhos para não ver. – 0.

7º) – *Os indiferentes*, que só vivem para o hoje, sem se preocupar com o futuro. A maior parte não saberia dizer se é espiritualista ou materialista. Para eles o presente é a única coisa séria. – 0.

8º) – *Os panteístas*, que não admitem uma divindade pessoal, mas um princípio espiritual universal, no qual se confundem as almas, como as gotas no oceano, sem conservarem a sua individualidade. Esta opinião é um primeiro passo para a espiritualidade e, por conseguinte, um progresso sobre o materialismo. Embora um pouco menos refratários às ideias espíritas, os que a professam são, em geral, muito absolutos, porque neles é um sistema preconcebido e racional, e muitos não se dizem panteístas senão para não se confessarem materialistas. É uma concessão que fazem às ideias espiritualistas para salvar as aparências. – 1.

9º) – *Os deístas*, que admitem a personalidade de um Deus único, criador e soberano senhor de todas as coisas, eterno e infinito em todas as suas perfeições, mas rejeitam todo culto exterior. – 3.

10º) – *Os espiritualistas sem sistema*, que, por convicção, não pertencem a nenhum culto, sem repelir nenhum, mas que não têm qualquer ideia fixa sobre o futuro. – 5.

11º) – *Os crentes progressistas*, vinculados a um culto determinado, mas que admitem o progresso na religião e o acordo das crenças com o progresso das ciências. – 5.

12º) – *Os crentes insatisfeitos*, nos quais a fé é indecisa ou nula sobre os pontos dogmáticos, que não lhes satisfazem completamente à razão, atormentada pela dúvida. – 8.

13º) – *Os incrédulos por falta de melhor*, dos quais a maior parte passou da fé à incredulidade e à negação de tudo, por não terem encontrado, nas crenças com que foram embalados, uma sanção satisfatória para a sua razão, mas nos quais a incredulidade deixa um vazio penoso. Seriam felizes se pudessem enchê-lo. – 9.

14º) – *Os livres-pensadores*, nova denominação pela qual se designam os que não se sujeitam à opinião de ninguém em matéria de religião e de espiritualidade, que não se julgam atrelados pelo culto em que o nascimento os colocou sem o seu consentimento, nem obrigados à observação de práticas religiosas quaisquer. Esta qualificação não especifica nenhuma crença determinada; pode aplicar-se a todas as nuanças do espiritualismo racional, tanto quanto à mais absoluta incredulidade. Toda crença eclética pertence ao livre-pensamento; todo homem que não se guia pela fé cega é, por isto mesmo, livre-pensador. A este título os espíritas também são livres-pensadores.

Mas para os que podem ser chamados os radicais do livre-pensamento, esta designação tem uma acepção mais restrita e, a bem dizer, exclusiva; para estes, ser livre-pensador não é apenas crer no que vê: é não crer em nada; é libertar-se de todo freio, mesmo do temor de Deus e do futuro; a espiritualidade é um estorvo e não a querem. Sob este símbolo da emancipação intelectual, procuram dissimular o que a qualidade de materialista e de ateu tem de repulsivo para a opinião das massas e, coisa singular, é em nome desse símbolo, que parece ser o da tolerância por todas as opiniões, que atiram pedra a quem quer que não pense como eles. Há, pois, uma distinção essencial a fazer entre os que se dizem *livres-pensadores*, como entre os que se dizem *filósofos*. Eles se dividem naturalmente em: *livres-pensadores* incrédulos, que entram na 5ª categoria – 0; e *livres-pensadores* crentes, que pertencem a todas as nuanças do espiritualismo racional – 9.

15º) – *Os espíritas por intuição*, aqueles nos quais as ideias espíritas são inatas e que as aceitam como uma coisa que não lhes é estranha. – 10.

Tais são as camadas de terreno que o Espiritismo deve atravessar. Lançando uma vista de olhos sobre as diferentes categorias acima, é fácil ver aquelas junto às quais ele encontra um acesso mais ou menos fácil e aquelas contra as quais se choca como a picareta contra o granito. Não triunfará destas senão com a ajuda dos *novos elementos* que a renovação trará à humanidade: esta é a obra daquele que dirige tudo e que faz surgirem os acontecimentos, de onde deve sair o progresso.

Os números colocados depois de cada categoria indicam aproximadamente a proporção do número de adeptos sobre 10, que cada um fornece ao Espiritismo.

Se se admitir, em média, a igualdade numérica entre estas diferentes categorias, ver-se-á que a parte refratária, por sua natureza, abrange mais ou menos a metade da população. Como esta possui a audácia e a força material, não se limita a uma resistência passiva: é essencialmente agressiva; daí uma luta inevitável e necessária. Mas esse estado de coisas não pode ter senão um tempo, porque o passado se vai e vem o futuro; ora, o Espiritismo marcha com o futuro.

É, pois, na outra metade que o Espiritismo deve ser recrutado, e o campo a explorar é bastante vasto; é aí que deve concentrar seus esforços e que verá seus limites se ampliarem. Entretanto, esta metade ainda está longe de lhe ser inteiramente simpática; ele aí encontra resistências obstinadas, mas não insuperáveis, como na primeira, da qual a maior parte é devida a prevenções que se apagam à medida que o objetivo e as tendências da Doutrina forem mais bem compreendidas, e desaparecerem com o tempo. Se nos podemos admirar de uma coisa é que, malgrado a multiplicidade dos obstáculos que ele encontra, das ciladas que lhe armam, tenha ele podido chegar em alguns anos ao ponto em que hoje se encontra.

Outro progresso não menos evidente é o da atitude da oposição. Pondo de lado os ataques violentos lançados de vez em quando por uma plêiade de escritores, *quase sempre os mesmos*, que em tudo só veem matéria para rir, que ririam mesmo de Deus, e cujos argumentos se limitam a dizer que a humanidade beira à demência, muito surpreendidos de que o Espiritismo tenha marchado sem sua permissão, é raríssimo ver a Doutrina posta em causa numa polêmica séria e sustentada. Em vez disso, como já fizemos notar em artigo precedente, as ideias espíritas invadem a imprensa, a literatura, a filosofia; delas se apropriam sem o confessar, razão por que se vê a todo instante surgir nos jornais, nos livros, nos sermões e no teatro pensamentos que se diriam hauridos na própria fonte do Espiritismo. Por certo seus autores protestariam contra a qualificação de espíritas, mas nem por isso sofrem menos a influência das ideias que circulam e que parecem justas. É que os princípios sobre os quais repousa a Doutrina são de tal modo racionais que fermentam numa imensidão de cérebros e transparecem mau grado seu; tocam em tantas questões que, a bem dizer, é impossível entrar na via da espiritualidade sem fazer Espiritismo involuntariamente. É um dos fatos mais característicos que marcaram o ano que acaba de passar.

Disto se deve concluir que a luta acabou? Não, certamente; devemos, ao contrário e mais que nunca, nos manter em guarda, porque teremos que sustentar assaltos de outro gênero, mas esperando que as fileiras se reforcem e que os passos à frente também sejam ganhos. Guardemo-nos de crer que certos adversários se deem por vencidos, e de tomar o seu silêncio por uma adesão tácita, ou mesmo por neutralidade. Persuadamo-nos bem de que certas pessoas, enquanto viverem, jamais aceitarão o Espiritismo, nem aberta nem tacitamente, como existem as que *jamais* aceitarão certos regimes políticos. Todos os raciocínios para a ele os levar são impotentes, porque não o querem a nenhum preço; sua aversão pela Doutrina cresce em razão do desenvolvimento que ela toma.

Os ataques a céu aberto tornam-se mais raros, porque reconheceram a sua inutilidade; mas não perdem a esperança de triunfar com o auxílio de manobras tenebrosas. Longe de adormecer numa enganosa segurança, mais que nunca é preciso desconfiar dos falsos irmãos que se insinuam em todas as reuniões para espiar e, a seguir, *deturpar* o que aí se diz e se faz; que semeiam sub-repticiamente elementos de desunião; que, sob a aparência de um zelo artificial e por vezes interessado, procuram empurrar o Espiritismo para fora das vias da prudência, da moderação e da legalidade; que provocam em seu nome atos represensíveis aos olhos da lei. Não tendo conseguido torná-lo ridículo, porque, por sua essência, é uma coisa séria, seus esforços tendem a *comprometê-lo*, para o tornar suspeito à autoridade e provocar contra ele e seus aderentes medidas rigorosas. Desconfiemos, pois, dos beijos de judas e dos que nos querem abraçar para nos sufocar.

É preciso imaginar que estamos em guerra e que os inimigos estão à nossa porta, prontos para aproveitar a ocasião favorável, e que arrebanharão inteligências no próprio lugar.

Que fazer nesta ocorrência? Uma coisa muito simples: fechar-se nos estritos limites dos preceitos da Doutrina; esforçar-se em mostrar o que ela é por seu próprio exemplo e declinar toda solidariedade com o que pudesse ser feito em seu nome e que fosse capaz de desacreditá-la, porque não seria este o caso de adeptos sérios e convictos. Não basta dizer-se espírita; aquele que o é de coração o prova por seus atos. Não pregando a Doutrina senão o bem, o respeito às leis, a caridade, a tolerância e a benevolência para com todos; repudiando toda violência feita à consciência de outrem, todo charlatanismo, todo pensamento interessado no que concerne às relações com os Espíritos e todas as coisas contrárias à moral evangélica, aquele que não se afasta da linha traçada não pode incorrer em censuras fundadas, nem em perseguições legais; mais ainda: quem quer que tome a Doutrina como regra de conduta não pode senão granjear estima e consideração das pessoas imparciais. Diante do bem, a própria incredulidade zombeteira se inclina e a calúnia não pode sujar o que está sem mancha. É nessas condições que o Espiritismo atravessará as tempestades que serão amontoadas em sua estrada e que sairá triunfante de todas as lutas.

O Espiritismo também não pode ser responsabilizado pelas faltas daqueles a quem agrada se dizerem espíritas, como a religião não o é pelos atos repreensíveis dos que só têm a aparência de piedade. Antes, pois, de fazer cair a censura de tais atos sobre uma doutrina qualquer, seria preciso saber se ela contém alguma máxima, algum ensinamento que os possa autorizar ou até os desculpar. Se, ao contrário, ela os condena formalmente, é evidente que a falta é inteiramente pessoal e não pode ser imputada à doutrina. Mas é uma distinção que os adversários do Espiritismo não se dão ao trabalho de fazer; ao contrário, eles se sentem muito felizes por encontrar uma ocasião de o desacreditar com ou sem razão, não se pejando de lhe atribuir o que não lhe pertence, envenenando as coisas mais insignificantes, em vez de lhe buscar as causas atenuantes.

Desde algum tempo as reuniões espíritas vêm sofrendo certa transformação. As reuniões íntimas e de família multiplicaram-se consideravelmente em Paris e nas principais cidades, em razão mesmo da facilidade que acharam em se formar, pelo aumento do número de médiuns e de adeptos. No princípio os médiuns eram raros; um bom médium era quase um fenômeno; era, pois, natural que se agrupassem em torno dele. À medida que esta faculdade se desenvolveu, os grandes centros se fracionaram, como enxames, numa porção de pequenos grupos particulares, que encontram mais facilidade em se reunir, mais intimidade e homogeneidade em sua composição. Esse resultado, consequência da força mesma das coisas, era previsto. Desde a origem havíamos assinalado os escolhos que, inevitavelmente, deveriam encontrar as sociedades numerosas, necessariamente formadas de elementos heterogêneos, abrindo a porta às ambições e, por isto mesmo, alvo das intrigas, das cabalas, das manobras surdas da malevolência, da inveja e do ciúme, que não podem emanar de uma fonte pura. Nas reuniões íntimas, sem caráter oficial, é-se mais senhor de si, conhece-se melhor, recebe-se quem se quer; aí o recolhimento é maior e sabe-se que os resultados são mais satisfatórios. Conhecemos bom número de reuniões deste gênero, cuja organização nada deixa a desejar. Há, pois, tudo a ganhar nessa transformação.

Além disso, o ano de 1866 viu realizar-se as previsões dos Espíritos sobre vários pontos interessantes da Doutrina, entre outros sobre a extensão e os novos caracteres que devem tomar a mediunidade, bem como sobre a produção de fenômenos suscetíveis de chamar a atenção sobre o princípio da espiritualidade, embora aparentemente estranhos ao Espiritismo. A mediunidade curadora revelou-se em plena luz, nas circunstâncias mais propícias a fazer sensação; desabrocha em muitas outras pessoas. Em certos grupos manifestam-se numerosos casos de sonambulismo espontâneo, de mediunidade falante, de segunda vista e outras variedades da faculdade mediúnica que puderam fornecer úteis assuntos de estudo. Sem ser precisamente novas, essas faculdades ainda estão no nascedouro numa porção de indivíduos; só se mostram em casos isolados e, por assim dizer, se ensaiam na intimidade; mas, com o tempo, adquirirão mais intensidade e se vulgarizarão. É sobretudo quando se revelam espontaneamente em pessoas estranhas ao Espiritismo que chamam a atenção mais fortemente, pois não se pode supor conivência nem admitir a influência de ideias preconcebidas. Limitamo-nos a assinalar o fato, que cada um pode constatar, e cujo desenvolvimento necessitaria de detalhes muito extensos. Aliás, teremos ocasião de a ele voltar, em artigos especiais.

## Capítulo XXII

Em resumo, se nada de muito retumbante assinalou a marcha do Espiritismo nestes últimos tempos, podemos dizer que ela prossegue nas condições normais traçadas pelos Espíritos e que só temos que nos felicitar pelo estado das coisas.

(*Revista Espírita*: jornal de estudos psicológicos, ano 10, jan. 1867.)

CAPÍTULO XXIII

# O Espiritismo é uma religião?[8]

Todas as reuniões religiosas, seja qual for o culto a que pertençam, são fundadas na comunhão de pensamentos; com efeito, é aí que podem e devem exercer a sua força, porque o objetivo deve ser a libertação do pensamento das amarras da matéria. Infelizmente, a maioria se afasta deste princípio à medida que a religião se torna uma questão de forma. Disto resulta que cada um, fazendo seu dever consistir na realização da forma, se julga quites com Deus e com os homens, desde que praticou uma fórmula. Resulta ainda *que cada um vai aos lugares de reuniões religiosas com um pensamento pessoal, por sua própria conta e, na maioria das vezes, sem nenhum sentimento de confraternidade em relação aos outros assistentes; fica isolado em meio à multidão e só pensa no céu para si mesmo.*

---

[8] N.T.: A resposta a esta pergunta foi dada por Allan Kardec na Sociedade Parisiense de Estudos Espíritas, em 1º de novembro de 1868, na *Sessão anual comemorativa dos mortos*. Apenas transcrevemos o trecho diretamente relacionado com o tema: "O Espiritismo é uma religião?" O artigo integral está na *Revista Espírita* de dezembro de 1868, 2. ed. 2. reimp. Rio de Janeiro: FEB, 2010.

Por certo não era assim que o entendia Jesus, ao dizer: "Quando duas ou mais pessoas estiverem reunidas em meu nome, aí estarei entre elas." Reunidos em meu nome, isto é, com um pensamento comum; mas não se pode estar reunido em nome de Jesus sem assimilar os seus princípios, sua doutrina. Ora, qual é o princípio fundamental da doutrina de Jesus? A caridade em pensamentos, palavras e ações. Mentem os egoístas e os orgulhosos quando se dizem reunidos em nome de Jesus, porque Jesus não os conhece por seus discípulos.

Chocados por esses abusos e desvios, há pessoas que negam a utilidade das assembleias religiosas e, em consequência, a das edificações consagradas a tais assembleias. Em seu radicalismo, pensam que seria melhor construir asilos do que templos, uma vez que o templo de Deus está em toda parte e em toda parte Ele pode ser adorado; que cada um pode orar em casa e a qualquer hora, enquanto os pobres, os doentes e os enfermos necessitam de lugar de refúgio.

Mas, porque cometeram abusos, porque se afastaram do reto caminho, devemos concluir que não existe o reto caminho e que tudo quanto se abusa seja mau? Não, certamente. Falar assim é desconhecer a fonte e os benefícios da comunhão de pensamentos, que deve ser a essência das assembleias religiosas; é ignorar as causas que a provocam. Concebe-se que os materialistas professem semelhantes ideias, já que em tudo fazem abstração da vida espiritual, mas da parte dos espiritualistas e, melhor ainda, dos espíritas, seria um contrassenso. *O isolamento religioso, assim como o isolamento social, conduz ao egoísmo.* Que alguns homens sejam bastante fortes por si mesmos, largamente dotados pelo coração, para que sua fé e caridade não necessitem ser revigoradas num foco comum, é possível, mas não é assim com as massas, por lhes faltar um estimulante, sem o qual poderiam se deixar levar pela indiferença. Além disso, qual o homem que poderá dizer-se bastante esclarecido para nada ter a aprender no tocante aos seus interesses futuros? Bastante perfeito para abrir mão dos conselhos da vida presente? Será sempre capaz de instruir-se por si mesmo? Não; a maioria necessita de ensinamentos diretos em matéria de religião e de moral, como em matéria de ciência. Incontestavelmente, tais ensinos podem ser dados em toda parte, sob a abóbada do céu, como sob a de um templo; mas por que os homens não haveriam de ter lugares especiais para as questões celestes, como os têm para as terrenas? Por que não teriam assembleias religiosas, como têm assembleias políticas, científicas e industriais? Aqui está uma bolsa onde se ganha sempre. Isto não impede as edificações em proveito dos infelizes. Dizemos, ademais, *que haverá menos gente nos asilos quando os homens compreenderem melhor seus interesses do Céu.*

Se as assembleias religiosas — falo em geral, sem aludir a nenhum culto — muitas vezes se têm afastado de seu objetivo primitivo principal, que é a comunhão fraterna do pensamento; se o ensino ali ministrado nem sempre tem acompanhado o movimento progressivo da humanidade, é que os homens não progridem todos ao mesmo tempo. O que não fazem num período, fazem em outro; à proporção que se esclarecem, veem as lacunas existentes em suas instituições, e as preenchem; compreendem que o que era bom numa época, em relação ao grau de civilização, torna-se insuficiente numa etapa mais avançada, e restabelecem o nível. Sabemos que o Espiritismo é a grande alavanca do progresso em todas as coisas; marca uma era de renovação. Saibamos, pois, esperar, não exigindo de uma época mais do que ela pode dar. Como as plantas, é preciso que as ideias amadureçam, para que seus frutos sejam colhidos. Saibamos, além disso, fazer as necessárias concessões às épocas de transição, porque na natureza nada se opera de maneira brusca e instantânea.

## Capítulo XXIII

Dissemos que o verdadeiro objetivo das assembleias religiosas deve ser a *comunhão de pensamentos*; é que, com efeito, a palavra *religião* quer dizer *laço*. Uma religião, em sua acepção larga e verdadeira, é um laço que *religa* os homens numa comunhão de sentimentos, de princípios e de crenças; consecutivamente, esse nome foi dado a esses mesmos princípios codificados e formulados em dogmas ou artigos de fé. É nesse sentido que se diz: a *religião política*; entretanto, mesmo nesta acepção, a palavra religião não é sinônima de *opinião*; implica uma ideia particular: a de *fé consciente*; eis por que se diz também: a *fé política*. Ora, os homens podem filiar-se, por interesse, a um partido, sem ter fé nesse partido, e a prova é que o deixam sem escrúpulo, quando encontram seu interesse alhures, ao passo que aquele que o abraça por convicção é inabalável; persiste à custa dos maiores sacrifícios, e é a abnegação dos interesses pessoais a verdadeira pedra de toque da fé sincera. Todavia, se a renúncia a uma opinião, motivada pelo interesse, é um ato de desprezível covardia, é, não obstante, respeitável quando fruto do reconhecimento do erro em que se estava; é, então, um ato de abnegação e de razão. Há mais coragem e grandeza em reconhecer abertamente que se enganou do que persistir, por amor-próprio, no que se sabe ser falso, e para não se dar um desmentido a si próprio, o que acusa mais obstinação do que firmeza, mais orgulho do que razão, e mais fraqueza do que força. É mais ainda: é hipocrisia, porque se quer parecer o que não se é; além disso é uma ação má, porque é encorajar o erro por seu próprio exemplo.

O laço estabelecido por uma religião, seja qual for o seu objetivo, é, pois, essencialmente moral, que liga os corações, que identifica os pensamentos, as aspirações, e não somente o fato de compromissos materiais, que se rompem à vontade, ou da realização de fórmulas que falam mais aos olhos do que ao espírito. O efeito desse laço moral é o de estabelecer entre os que ele une, como consequência da comunhão de vistas e de sentimentos, *a fraternidade e a solidariedade*, a indulgência e a benevolência mútuas. É nesse sentido que também se diz: a religião da amizade, a religião da família.

Se é assim, perguntarão, então o Espiritismo é uma religião? Ora, sim, sem dúvida, senhores! No sentido filosófico, o Espiritismo é uma religião, e nós nos vangloriamos por isto, porque é a Doutrina que funda os vínculos da fraternidade e da comunhão de pensamentos não sobre uma simples convenção, mas sobre bases mais sólidas: as próprias Leis da natureza.

Por que, então, temos declarado que o Espiritismo não é uma religião? Em razão de não haver senão uma palavra para exprimir duas ideias diferentes, e que, na opinião geral, a palavra religião é inseparável da de culto; porque desperta exclusivamente uma ideia de forma, que o Espiritismo não tem. Se o Espiritismo se dissesse uma religião, o público não veria aí mais que uma nova edição, uma variante, se se quiser, dos princípios absolutos em matéria de fé; uma casta sacerdotal com seu cortejo de hierarquias, de cerimônias e de privilégios; não o separaria das ideias de misticismo e dos abusos contra os quais tantas vezes a opinião se levantou.

Não tendo o Espiritismo nenhum dos caracteres de uma religião, na acepção usual da palavra, não podia nem devia enfeitar-se com um título sobre cujo valor inevitavelmente se teria equivocado. Eis por que simplesmente se diz: Doutrina filosófica e moral.

As reuniões espíritas podem, pois, ser feitas religiosamente, isto é, com o recolhimento e o respeito que comporta a natureza grave dos assuntos de que se ocupa; pode-se mesmo, na ocasião, aí fazer preces que, em vez de serem ditas em particular, são ditas em comum, sem que, por isso, sejam tomadas por *assembleias* religiosas. Não se pense que isto seja um jogo de palavras; a nuança é perfeitamente clara, e a aparente confusão não provém senão da falta de uma palavra para cada ideia.

Qual é, pois, o laço que deve existir entre os espíritas? Eles não estão unidos entre si por nenhum contrato material, por nenhuma prática obrigatória. Qual o sentimento no qual se deve confundir todos os pensamentos? É um sentimento todo moral, todo espiritual, todo humanitário: o da caridade para com todos ou, em outras palavras, o amor do próximo, que compreende os vivos e os mortos, pois sabemos que os mortos sempre fazem parte da humanidade.

A caridade é a alma do Espiritismo; ela resume todos os deveres do homem para consigo mesmo e para com os seus semelhantes, razão por que se pode dizer que não há verdadeiro espírita sem caridade.

A caridade é, porém, ainda uma dessas palavras de sentido múltiplo, cujo inteiro alcance deve ser bem compreendido; e se os Espíritos não cessam de pregá-la e defini-la é que, provavelmente, reconhecem que isto ainda é necessário.

O campo da caridade é muito vasto; compreende duas grandes divisões que, em falta de termos especiais, podem designar-se pelas expressões *caridade beneficente* e *caridade benevolente*. Compreende-se facilmente a primeira, que é naturalmente proporcional aos recursos materiais de que se dispõe, mas a segunda está ao alcance de todos, do mais pobre como do mais rico. Se a beneficência é forçosamente limitada, nada além da vontade poderia estabelecer limites à benevolência.

O que é preciso, então, para praticar a caridade benevolente? Amar ao próximo como a si mesmo. Ora, se amar ao próximo tanto quanto a si, amá-lo-á muito; agir-se-á para com outrem como se quereria que os outros agissem para conosco; não se quererá nem se fará mal a ninguém, porque não quereríamos que no-lo fizessem.

Amar ao próximo é, pois, abjurar todo sentimento de ódio, de animosidade, de rancor, de inveja, de ciúme, de vingança, numa palavra, todo desejo e todo pensamento de prejudicar; é perdoar aos inimigos e retribuir o mal com o bem; é ser indulgente para as imperfeições de seus semelhantes e não procurar o argueiro no olho do vizinho, quando não se vê a trave no seu; é esconder ou desculpar as faltas alheias, em vez de se comprazer em as pôr em relevo por espírito de maledicência; é ainda não se fazer valer à custa dos outros; não procurar esmagar ninguém sob o peso de sua superioridade; não desprezar ninguém pelo orgulho. Eis a verdadeira caridade benevolente, a caridade prática, sem a qual a caridade é palavra vã; é a caridade do verdadeiro espírita, como do verdadeiro cristão; aquela sem a qual aquele que diz: *Fora da caridade não há salvação*, pronuncia sua própria condenação, tanto neste quanto no outro mundo.

Quantas coisas haveria a dizer sobre este assunto! Que belas instruções não nos dão os Espíritos incessantemente! Não fosse o receio de alongar-me em demasia e de abusar de vossa paciência, senhores, seria fácil demonstrar que, se colocando no ponto de vista do interesse pessoal, egoísta, se se quiser, porque nem todos os homens estão ainda maduros para uma completa abnegação, para fazer o bem unicamente por amor do bem, digo que seria fácil demonstrar que têm tudo a ganhar em agir deste modo, e tudo a perder agindo diversamente, mesmo em suas relações sociais; depois, o bem atrai o bem e a proteção dos bons Espíritos; o mal atrai o mal e abre a porta à malevolência dos maus. Mais cedo ou mais tarde o orgulhoso será castigado pela humilhação, o ambicioso pelas decepções, o egoísta pela ruína de suas esperanças, o hipócrita pela vergonha de ser desmascarado; aquele que abandona os bons Espíritos por estes é abandonado e, de queda em queda, finalmente se vê no fundo do abismo, ao passo que os bons Espíritos erguem e amparam aquele que, nas maiores provações, não deixa de se confiar à Providência e jamais se desvia do reto caminho; aquele, enfim, cujos secretos sentimentos não dissimulam nenhum pensamento oculto de vaidade ou de interesse pessoal. Assim, de um lado, ganho assegurado; do outro, perda certa; cada um, em virtude do seu livre-arbítrio, pode escolher a sorte que quer correr, mas não poderá queixar-se senão de si mesmo pelas consequências de sua escolha.

Crer num Deus Todo-Poderoso, soberanamente justo e bom; crer na alma e em sua imortalidade; na preexistência da alma como única justificação do presente; na pluralidade das existências como meio de expiação, de reparação e de adiantamento intelectual e moral; na perfectibilidade dos seres mais imperfeitos; na felicidade crescente com a perfeição; na equitativa remuneração do bem e do mal, segundo o princípio: a cada um segundo as suas obras; na igualdade da justiça para todos, sem exceções, favores nem privilégios para nenhuma criatura; na duração da expiação limitada à da imperfeição; no livre-arbítrio do homem, que lhe deixa sempre a escolha entre o bem e o mal; crer na continuidade das relações entre o mundo visível e o mundo invisível; na solidariedade que religa todos os seres passados, presentes e futuros, encarnados e desencarnados; considerar a vida terrestre como transitória e uma das fases da vida do Espírito, que é eterno; aceitar corajosamente as provações, em vista de um futuro mais invejável que o presente; praticar a caridade em pensamentos, em palavras e obras na mais larga acepção do termo; esforçar-se cada dia para ser melhor que na véspera, extirpando toda imperfeição de sua alma; submeter todas as crenças ao controle do livre exame e da razão, e nada aceitar pela fé cega; respeitar todas as crenças sinceras, por mais irracionais que nos pareçam, e não violentar a consciência de ninguém; ver, enfim, nas descobertas da Ciência, a revelação das Leis da natureza, que são as Leis de Deus: eis o *Credo, a religião do Espiritismo*, religião que pode conciliar-se com todos os cultos, isto é, com todas as maneiras de adorar a Deus. É o laço que deve unir todos os espíritas numa santa comunhão de pensamentos, esperando que ligue todos os homens sob a bandeira da fraternidade universal.

Com a fraternidade, filha da caridade, os homens viverão em paz e se pouparão males inumeráveis, que nascem da discórdia, por sua vez filha do orgulho, do egoísmo, da ambição, da inveja e de todas as imperfeições da humanidade.

O Espiritismo dá aos homens tudo o que é preciso para a sua felicidade aqui na Terra, porque lhes ensina a se contentarem com o que têm. Que os espíritas sejam, pois, os primeiros a aproveitar os benefícios que ele traz, e que inaugurem entre si o reino da harmonia, que resplandecerá nas gerações futuras.

Os Espíritos que nos cercam aqui são inumeráveis, atraídos pelo objetivo que nos propusemos ao nos reunirmos, a fim de dar aos nossos pensamentos a força que nasce da união. Ofereçamos aos que nos são caros uma boa lembrança e o penhor de nossa afeição, encorajamentos e consolações aos que deles necessitem. Façamos de modo que cada um recolha a sua parte dos sentimentos de caridade benevolente, de que estivermos animados, e que esta reunião dê os frutos que todos têm o direito de esperar.

Allan Kardec

(*Revista Espírita*: jornal de estudos psicológicos, ano 11, dez. 1868.)

# CAPÍTULO XXIV

## Os desertores

Se é certo que todas as grandes ideias contam apóstolos fervorosos e dedicados, não menos certo é que mesmo as melhores dentre elas têm seus detratores. O Espiritismo não podia escapar às consequências da fraqueza humana. Ele também teve os seus e a esse respeito não serão inúteis algumas observações.

Nos primeiros tempos, muitos se equivocaram sobre a natureza e os fins do Espiritismo e não lhe perceberam o alcance. Em seu começo, excitou a curiosidade; muitas criaturas não viam nas manifestações espíritas mais do que simples objeto de distração; divertiam-se com os Espíritos, enquanto estes quiseram diverti-los. Era um passatempo, muitas vezes um acessório dos saraus familiares.

Esta maneira inicial de apresentar os fenômenos foi uma tática hábil dos Espíritos. Sob a forma de divertimento, a ideia penetrou por toda parte e semeou germens, sem apavorar as consciências timoratas. Brincaram com a criança, mas a criança tinha de crescer. Quando os Espíritos sérios e moralizadores tomaram o lugar dos Espíritos brincalhões, quando o Espiritismo se tornou ciência, filosofia, as pessoas superficiais deixaram de achá-lo divertido; para os que se preocupam acima de tudo com a vida material, era um censor importuno e embaraçoso, razão por que muitos o puseram de lado. Não se deve lamentar a existência desses detratores, já que as criaturas frívolas não passam de pobres auxiliares, onde quer que se encontrem. Todavia, essa primeira fase não pode ser considerada como tempo perdido; longe disso. Graças àquele disfarce, a ideia se popularizou cem vezes mais do que se tivesse assumido, desde o primeiro momento, uma forma severa; além disso, daqueles meios levianos e displicentes saíram pensadores de grande mérito.

Postos em moda pelo atrativo da curiosidade, um verdadeiro chamariz, os fenômenos tentaram a cupidez dos que andam à procura do que surge como novidade, na esperança de encontrar aí uma porta aberta. As manifestações pareceram coisa maravilhosamente explorável e muitos pensaram em fazer delas um auxiliar de seus negócios; para outros, era uma variante da arte da adivinhação, um meio talvez mais seguro do que a cartomancia, a quiromancia, a borra de café etc., para se conhecer o futuro e descobrir as coisas ocultas, considerando-se que, segundo a opinião então corrente, os Espíritos tudo sabiam.

Vendo, afinal, essas pessoas que a especulação lhes escapava por entre os dedos e acabava em mistificação, que os Espíritos não vinham ajudá-las a enriquecer nem lhes indicar os números a serem premiados na loteria, ou revelar-lhes a boa sorte, ou levá-las a descobrir tesouros, ou a receber heranças, nem ainda favorecê-las com uma invenção frutuosa de que tirassem patente, suprir-lhes em suma a ignorância e dispensá-las do trabalho intelectual e material, os Espíritos para nada serviam e suas manifestações não passavam de ilusões. Tanto essas pessoas colocaram o Espiritismo nas alturas, durante todo o tempo em que esperavam obter dele algum proveito, quanto o denegriram desde que se sentiram decepcionadas. Mais de um dos críticos que o afrontam tê-lo-iam elevado às nuvens se ele houvesse feito que descobrissem um tio rico na América ou que ganhassem na Bolsa. Essa é a mais numerosa das categorias de desertores, sendo fácil, no entanto, compreender-se que os que a formam não podem ser qualificados de verdadeiros espíritas.

Também essa fase apresentou sua utilidade. Mostrando o que não se devia esperar do concurso dos Espíritos, ela deu a conhecer o objetivo sério do Espiritismo e depurou a Doutrina. Os Espíritos não ignoram que as lições da experiência são as mais proveitosas. Se, desde o começo, eles dissessem: Não peçais isto ou aquilo, porque nada conseguireis, ninguém mais lhes daria crédito. Essa a razão por que deixaram que as coisas tomassem o rumo que tomaram, a fim de que a verdade saísse da observação. As decepções desanimaram os exploradores e contribuíram para que o número deles diminuísse. Eram parasitos de que elas, as decepções, livraram o Espiritismo, e não adeptos sinceros.

Algumas pessoas, mais perspicazes do que outras, entreviram o homem na criança que acabava de nascer e temeram-na, como Herodes temeu o menino Jesus. Não se atrevendo a atacar de frente o Espiritismo, tais pessoas infiltraram agentes em suas fileiras com a tarefa de o abraçarem para asfixiá-lo; agentes que se mascaram para se intrometerem em toda parte, para suscitarem habilmente a desafeição nos centros e espalharem, dentro destes, com furtiva mão, o veneno da calúnia, acendendo, ao mesmo tempo, o facho da discórdia, inspirando atos comprometedores, tentando desencaminhar a Doutrina, a fim de torná-la ridícula ou odiosa e, em seguida, simular defecções.

Outros são mais habilidosos ainda: pregando a união, semeiam a divisão; são mestres em levantar questões irritantes e ferinas; despertam o ciúme da preponderância entre os diferentes grupos e ficariam muito satisfeitos se os vissem se apedrejar, erguendo bandeira contra bandeira, a propósito de algumas divergências de opiniões sobre certas questões de forma ou de fundo, na maioria das vezes provocadas intencionalmente. Todas as doutrinas têm tido seu Judas; o Espiritismo não poderia deixar de ter os seus e eles ainda não lhe faltaram. Esses são espíritas de contrabando, mas que também tiveram a sua utilidade: ensinaram ao verdadeiro espírita a ser prudente, circunspeto e a não se fiar nas aparências.

Em princípio, deve-se desconfiar dos entusiasmos demasiados febris: que são quase sempre fogo de palha, ou simulacros, ardores ocasionais, que suprem com a abundância de palavras a falta de atos. A verdadeira convicção é calma, refletida, motivada; revela-se como a verdadeira coragem, pelos fatos, isto é, pela firmeza, pela perseverança e, sobretudo, pela abnegação. O desinteresse moral e material é a verdadeira pedra de toque da sinceridade.

A sinceridade tem um cunho *sui generis*; exterioriza-se por matizes muitas vezes mais fáceis de ser compreendidos do que definidos; é sentida por efeito dessa transmissão do pensamento, cuja lei o Espiritismo nos vem revelar, sem que a falsidade nunca chegue a simulá-la completamente, visto não lhe ser possível mudar a natureza das correntes fluídicas que projeta de si. A sinceridade considera erro dar troco à baixa e servil lisonja que somente seduz as almas orgulhosas, lisonja por meio da qual a falsidade se trai para com as almas elevadas. Afinal de contas, jamais o gelo pode imitar o calor.

Se passarmos à categoria dos espíritas propriamente ditos, ainda aí toparemos com certas fraquezas humanas, das quais a Doutrina nem sempre triunfa imediatamente. As mais difíceis de vencer-se são o egoísmo e o orgulho, as duas paixões originais do homem. Entre os adeptos convictos, não há deserções, na legítima acepção da palavra, porquanto aquele que desertasse, por motivo de interesse ou qualquer outro, nunca teria sido sinceramente espírita; entretanto, pode haver desfalecimentos. A coragem e a perseverança podem fraquejar diante de uma decepção, de uma ambição frustrada, de uma preeminência não alcançada, de uma ferida no amor-próprio, de uma prova difícil. Há o recuo diante do sacrifício do bem-estar, o temor de comprometer os interesses materiais, o medo do "que dirão", o receio de uma mistificação, tendo como consequência não o afastamento, mas o esfriamento; querem viver para si, e não para os outros, e beneficiar-se da crença, mas sob a condição de que isso nada custe. Sem dúvida, podem os que assim procedem ser crentes, mas, seguramente, crentes egoístas, nos quais a fé não ateou o fogo sagrado do devotamento e da abnegação; a alma deles custa a desprender-se da matéria. Nominalmente são numerosos, porém não se pode contar com eles.

Todos os outros são espíritas que merecem realmente este nome. Aceitam por si mesmos todas as consequências da Doutrina e são reconhecidos pelos esforços que empregam por melhorar-se. Sem desprezarem, além dos limites do razoável, os interesses materiais, estes constituem, para eles, o acessório e não o principal; não consideram a vida terrena senão como travessia mais ou menos penosa; estão certos de que o futuro depende do emprego útil ou inútil que derem à vida; consideram mesquinhos os gozos que ela proporciona, em face do objetivo esplêndido que entreveem no Além; não se intimidam com os obstáculos que encontram no caminho, vendo nas vicissitudes e decepções provas que não lhes causam desânimo, porque sabem que o repouso será o prêmio do trabalho. Esta a razão pela qual não se veem entre eles deserções nem fraqueza.

É por isso que os Espíritos bons protegem ostensivamente os que lutam com coragem e perseverança, aqueles cujo devotamento é sincero e sem ideias preconcebidas; ajudam-nos a vencer os obstáculos e suavizam as provas que não possam evitar-lhes, ao passo que, não menos ostensivamente, abandonam os que se afastam deles e sacrificam a causa da verdade às suas ambições pessoais.

Devemos incluir também entre os desertores do Espiritismo os que se afastam de suas fileiras porque a nossa maneira de ver não lhes satisfaz? Os que, por acharem o nosso método muito lento, ou muito rápido, pretendem alcançar mais depressa e em melhores condições o objetivo a que nos propomos? — Não, se tiverem por guia a sinceridade e o desejo de propagar a verdade. — Sim, se seus esforços tendem unicamente a pô-los em evidência e a chamar sobre si a atenção pública, para a satisfação do amor-próprio e de interesses pessoais!...

Tendes uma maneira de ver diferente da nossa; não simpatizais com os princípios que admitimos! Isto, porém, nada prova que estais mais próximos da verdade do que nós. Pode-se divergir de opinião em matéria de ciência; investigai do vosso lado, como nós investigamos do nosso; o futuro mostrará qual de nós está em erro ou com a razão. Não pretendemos ser os únicos a reunir as condições fora das quais não são possíveis estudos sérios e úteis; o que temos feito podem outros, sem dúvida, fazer. Que os homens inteligentes se agreguem a nós, ou se congreguem longe de nós, pouco importa!... Tanto melhor se os centros de estudos se multiplicarem; será um sinal de incontestável progresso, que aplaudiremos com todas as nossas forças.

Quanto às rivalidades, às tentativas que façam por nos suplantarem, temos um meio infalível de não as temer. Trabalhamos para compreender, por enriquecer a nossa inteligência e o nosso coração; lutamos com os outros, mas lutamos com caridade e abnegação. Que o amor do próximo, inscrito em nossa bandeira, seja a nossa divisa; que a pesquisa da verdade, venha de onde vier, seja o nosso único objetivo! Com tais sentimentos, enfrentamos a zombaria dos nossos adversários e as tentativas dos nossos competidores. Se nos enganarmos, não teremos o tolo amor-próprio que nos leve a obstinar-nos em ideias falsas; há, porém, princípios acerca dos quais podemos todos estar seguros de não nos enganarmos jamais: o amor do bem, a abnegação, a renúncia a todo sentimento de inveja e de ciúme. Estes princípios são os nossos; vemos neles os laços que prenderão todos os homens de bem, qualquer que seja a divergência de suas opiniões. Somente o egoísmo e a má-fé erguem entre eles barreiras intransponíveis.

Mas qual será a consequência de semelhante estado de coisas? Sem dúvida, o proceder dos falsos irmãos poderá momentaneamente acarretar algumas perturbações parciais, razão pela qual se devem empregar, na medida do possível, todos os esforços para levá-las ao malogro. Essas perturbações, porém, durarão pouco tempo e não poderão ser prejudiciais ao futuro; primeiro, porque são simples manobras de oposição e, como tal, cairão pela força mesma das coisas; depois, digam o que disserem, ou façam o que fizerem, ninguém seria capaz de privar a Doutrina do seu caráter distintivo, da sua filosofia racional e lógica, da sua moral consoladora e regeneradora. Hoje, as bases do Espiritismo estão lançadas de forma inabalável; os livros, escritos sem equívoco e postos ao alcance de todas as inteligências, serão sempre a expressão clara e exata do ensino dos Espíritos e o transmitirão intacto aos que nos sucederem.

Não se deve perder de vista que estamos num momento de transição e que nenhuma transição se opera sem conflito. Portanto, que ninguém se espante ao ver certas paixões se agitarem por efeito de ambições malogradas, de interesses feridos, de pretensões frustradas. Pouco a pouco, tudo isso se extingue, a febre se abranda, os homens passam e as novas ideias permanecem. Espíritas, se quereis ser invencíveis, sede benévolos e caridosos; o bem é uma couraça contra a qual sempre se quebrarão as manobras da malevolência!...

Não há razão para temermos coisa alguma: o futuro nos pertence. Deixemos que os nossos adversários se debatam, constrangidos pela verdade que os ofusca; contra a evidência, toda oposição é impotente, pois a evidência triunfa inevitavelmente pela força mesma das coisas. A vulgarização universal do Espiritismo é uma questão de tempo, e neste século o tempo marcha a passo de gigante, sob a impulsão do progresso.

ALLAN KARDEC

(*Obras póstumas*, Primeira parte.)

CAPÍTULO XXV

## Ligeira resposta aos detratores do Espiritismo

O direito de exame e de crítica é imprescritível e o Espiritismo não alimenta a pretensão de negar-se ao exame e à crítica, como não tem a de satisfazer a todas as pessoas. Cada um, portanto, é livre de o aprovar ou rejeitar, mas, para isso, é preciso discuti-lo com conhecimento de causa. Ora, a crítica tem provado sobejamente que lhe ignora os mais elementares princípios, fazendo-o dizer justamente o contrário do que ele diz, atribuindo-lhe o que ele desaprova, confundindo-o com as imitações grosseiras e burlescas do charlatanismo, enfim, apresentando, como regra de todos, as excentricidades de alguns indivíduos. Com muita frequência, também, a malevolência tem querido torná-lo responsável por atos repreensíveis ou ridículos, nos quais o seu nome foi envolvido casualmente, e disso se aproveita como arma contra ele.

Antes de atribuir a uma doutrina a incitação a um ato condenável qualquer, a razão e a equidade exigem que se examine se essa doutrina contém preceitos que justifiquem semelhante ato. Ora, para conhecer-se a parte de responsabilidade que, em dada circunstância, possa caber ao Espiritismo, há um meio muito simples: proceder de *boa-fé* a uma investigação escrupulosa, não entre os adversários, mas na própria fonte, daquilo que ele aprova e do que condena. E isso é muito fácil, visto que ele não tem segredos; seus ensinos são patentes e qualquer um pode verificá-los.

Consequentemente, se os livros da Doutrina Espírita condenam de maneira explícita e formal um ato justamente reprovável; se, ao contrário, só encerram instruções capazes de orientar para o bem, conclui-se que não foi neles que um indivíduo culpado de malefícios se inspirou, ainda mesmo que os possua.

O Espiritismo não é solidário com aqueles a quem apraz dizerem-se espíritas, do mesmo modo que a Medicina não o é com os charlatães que a exploram, nem a sã religião com os abusos e mesmo com os crimes que se cometam em seu nome. Ele não reconhece como adeptos senão os que praticam seus ensinos, isto é, que trabalham por melhorar-se moralmente, esforçando-se por vencer as más inclinações, por ser menos egoístas e menos orgulhosos, mais brandos, mais humildes, mais pacientes, mais benévolos, mais caridosos para com o próximo, mais moderados em tudo, porque é essa a característica do verdadeiro espírita.

Esta breve nota não tem por finalidade refutar todas as falsas alegações que se lançam contra o Espiritismo, nem desenvolver e provar todos os seus princípios, nem, ainda menos, tentar converter a esses princípios os que professam opiniões contrárias, mas apenas dizer, e em poucas palavras, o que ele é e o que não é, o que admite e o que desaprova. As crenças que ele defende, as tendências que manifesta e o fim a que visa se resumem nas proposições seguintes:

1º) *O elemento espiritual e o elemento material* são os dois princípios, as duas forças vivas da natureza, as quais se completam mutuamente e reagem sem cessar uma sobre a outra, ambas indispensáveis ao funcionamento do mecanismo do universo.

A Ciência propriamente dita tem por missão especial o estudo das leis da matéria. O Espiritismo tem por objetivo o estudo do *elemento espiritual* em suas relações com o elemento material e encontra na união desses dois princípios a razão de uma imensidade de fatos até então inexplicados. Caminhando ao lado da Ciência, no campo da matéria, o Espiritismo admite todas as verdades que a Ciência comprova, mas não se detém onde esta última para, prosseguindo nas suas pesquisas pelo campo da espiritualidade.

2º) Sendo o elemento espiritual um estado ativo, os fenômenos em que ele intervém estão submetidos a leis e são por isso mesmo tão naturais quanto os que resultam da matéria neutra.

Alguns desses fenômenos foram considerados *sobrenaturais*, apenas por ignorância das leis que os regem. Em virtude desse princípio, o Espiritismo não admite o caráter miraculoso atribuído a certos fatos, embora lhes reconheça a realidade ou a possibilidade. Para ele, não há *milagres*, no sentido de derrogação das leis naturais; por conseguinte, os espíritas não fazem milagres, sendo impróprio o qualificativo de taumaturgos que umas tantas pessoas lhes dão.

O conhecimento das leis que regem o princípio espiritual prende-se de modo direto à questão do passado e do futuro do homem. Sua vida se restringe à existência atual? Ao entrar neste mundo, ele vem do nada e volta para o nada ao deixá-lo? Já viveu e ainda viverá? *Como viverá e em que condições*? Em suma, de onde vem e para onde vai? Por que está na Terra e por que sofre aí? Tais as questões que cada um faz a si mesmo, porque são de grande interesse para todas as criaturas e às quais ainda nenhuma doutrina deu solução racional. A que lhe dá o Espiritismo, baseada em fatos, por satisfazer às exigências da lógica e da mais rigorosa justiça, constitui uma das causas principais da rapidez de sua propagação.

O Espiritismo não é uma concepção pessoal, nem o resultado de um sistema preconcebido. É a resultante de milhares de observações feitas sobre todos os pontos do globo e que convergiram para um centro que os coligiu e coordenou. Todos os seus princípios constitutivos, sem exceção de um só, são deduzidos da experiência. Esta precedeu sempre a teoria.

Assim, desde o começo, o Espiritismo lançou raízes por toda parte. A História não oferece nenhum exemplo de uma doutrina filosófica ou religiosa que, em dez anos, tenha conquistado tão grande número de adeptos. Entretanto, ele não empregou, para se tornar conhecido, nenhum dos meios vulgarmente em uso; propagou-se por si mesmo, pelas simpatias que inspirou.

Outro fato não menos constante é que, em nenhum país, a sua doutrina não surgiu das ínfimas camadas sociais; em todos os lugares ela se propagou de cima para baixo na escala da sociedade e ainda é nas classes esclarecidas que se acha quase exclusivamente espalhada, constituindo as pessoas iletradas insignificante minoria no seio de seus adeptos.

Verifica-se também que a propagação do Espiritismo seguiu, desde o começo, uma marcha sempre ascendente, a despeito de tudo quanto fizeram seus adversários para entravá-lo e para desfigurar o seu caráter, com vistas a desacreditá-lo na opinião pública. É mesmo de notar-se que tudo quanto tentaram com esse propósito favoreceu a sua difusão; o barulho que provocaram por ocasião do seu advento fez que muitas pessoas viessem a conhecê-lo, pessoas que antes nunca ouviram falar dele. Quanto mais procuraram denegri-lo ou ridicularizá-lo, tanto mais despertaram a curiosidade geral e, como todo exame só lhe pode ser proveitoso, o resultado foi que seus opositores se constituíram, sem o quererem, ardorosos propagandistas seus. Se as diatribes não lhe acarretaram nenhum prejuízo, é que os que o estudaram em suas verdadeiras fontes o reconheceram muito diverso do que o tinham apresentado.

Nas lutas que precisou sustentar, as pessoas imparciais testificam a sua moderação; ele nunca usou de represálias com os seus adversários, nem respondeu às injúrias com outras injúrias.

O Espiritismo é uma Doutrina filosófica que tem consequências religiosas, como qualquer filosofia espiritualista; por isso mesmo, vai ter forçosamente às bases fundamentais de todas as religiões: Deus, a alma e a vida futura. Mas não é uma religião constituída, visto que não tem culto, nem rito, nem templos e que, entre seus adeptos, nenhum tomou, nem recebeu, o título de sacerdote ou de sumo sacerdote. Estes qualificativos constituem pura invenção da crítica.

A criatura é espírita pelo só fato de simpatizar com os princípios da Doutrina e por conformar com esses princípios o seu modo de proceder. Trata-se de uma opinião como qualquer outra, que todos têm o direito de professar, como têm o de ser judeus, católicos, protestantes, fourieristas, simonistas, voltairianos, cartesianos, deístas e, até, materialistas.

O Espiritismo proclama a liberdade de consciência como direito natural; reclama-a para os seus adeptos, do mesmo modo que para todas as pessoas. Respeita todas as convicções sinceras e faz questão da reciprocidade.

Da liberdade de consciência decorre o direito de *livre-exame* em matéria de fé. O Espiritismo combate o princípio da fé cega, porque ela impõe ao homem que abdique da sua própria razão; considera sem raiz toda fé imposta, sendo por isso que inscreve entre suas máximas: *Fé inabalável é somente a que pode encarar a razão face a face, em todas as épocas da humanidade.*

## Capítulo XXV

Coerente com seus princípios, o Espiritismo não se impõe a quem quer que seja; quer ser aceito livremente e por efeito de convicção. Expõe suas doutrinas e acolhe os que voluntariamente o procuram. Não cogita de afastar pessoa alguma das suas convicções religiosas; não se dirige aos que possuem uma fé e essa fé basta, mas aos que, insatisfeitos com aquilo que lhes têm dado, pedem alguma coisa melhor.

(*Obras póstumas*, Primeira parte.)

## CAPÍTULO XXVI

# Projeto 1868

Um dos maiores obstáculos capazes de entravar a propagação da Doutrina seria a falta de unidade. O único meio de evitá-la, se não quanto ao presente, pelo menos quanto ao futuro, é formulá-la em todas as suas partes e até nos menores detalhes, com tanta precisão e clareza, que se torne impossível qualquer interpretação divergente.

Se a doutrina do Cristo provocou tantas controvérsias, se ainda agora se acha tão mal compreendida e tão diversamente praticada, é porque Jesus se limitou a um ensinamento oral e também porque seus próprios apóstolos apenas transmitiram princípios gerais, que cada um interpretou de acordo com suas ideias ou interesses. Se Ele houvesse formulado a organização da Igreja cristã com a precisão de uma lei ou de um regulamento, é incontestável que isso teria evitado a maior parte dos cismas e das querelas religiosas, assim como a exploração que foi feita da religião, em proveito das ambições pessoais. Consequentemente, se o Cristianismo constituiu, para alguns homens esclarecidos, uma causa de séria reforma moral, não foi e ainda não é para muitos senão objeto de uma crença cega e fanática, resultado que, em grande número de criaturas, gerou a dúvida e a incredulidade absoluta.

## Capítulo XXVI

Somente o Espiritismo, bem entendido e bem compreendido, pode remediar esse estado de coisas e tornar-se, conforme disseram os Espíritos, a grande alavanca da transformação da humanidade. A experiência deve esclarecer-nos sobre o caminho a seguir. Mostrando-nos os inconvenientes do passado, ela nos diz claramente que o único meio de serem evitados no futuro consiste em assentar o Espiritismo sobre as bases sólidas de uma doutrina positiva que nada deixe ao arbítrio das interpretações. As dissidências que possam surgir se fundirão por si mesmas na unidade principal que se estabeleceria sobre as bases mais racionais, desde que essas bases sejam claramente definidas, e não enunciadas de modo vago. Também ressalta destas considerações que essa marcha, dirigida com prudência, representa o mais poderoso meio de luta contra os antagonistas da Doutrina Espírita. Todos os sofismas quebrar-se-ão de encontro a princípios aos quais a sã consciência nada acharia para opor.

Dois elementos hão de concorrer para o progresso do Espiritismo: o estabelecimento teórico da Doutrina e os meios de popularizá-la. O desenvolvimento que ela toma, cada dia maior, multiplica as nossas relações, que somente tendem a ampliar-se pelo impulso que lhe darão a nova edição de *O livro dos espíritos* e a publicidade que se fará a esse propósito.

Para utilizarmos de maneira proveitosa essas relações, se, depois de constituída a teoria, eu tivesse de concorrer para a sua instalação, seria necessário que, além da publicação de minhas obras, eu dispusesse de meios para exercer uma ação mais direta. Ora, creio que seria conveniente que aquele que fundou a teoria pudesse ao mesmo tempo impulsioná-la, porque então haveria mais unidade. Sob esse aspecto, a Sociedade [Espírita de Paris] tem necessariamente que exercer grande influência, conforme o disseram os próprios Espíritos; sua ação, porém, não será realmente eficaz senão quando ela servir de centro e de ponto de ligação de donde parta um ensino preponderante sobre a opinião pública. Para isso, falta-lhe uma organização mais forte e elementos que ela não possui. No século em que estamos e tendo-se em vista o estado dos nossos costumes, os recursos financeiros são o grande motor de todas as coisas, quando empregados com discernimento. Na hipótese em que esses recursos, de um modo ou doutro, me viessem às mãos, eis o plano que eu seguiria e cuja execução seria proporcional à importância dos meios e subordinada aos conselhos dos Espíritos:

## Estabelecimento central

A fase mais urgente seria prover a Sociedade de um local convenientemente situado e disposto para as reuniões e recepções. Sem lhe dar um luxo desnecessário e, ademais, sem cabimento, precisaria, no entanto, que nada aí denotasse penúria, mas apresentasse um aspecto tal, que as pessoas de distinção pudessem estar lá sem se considerarem muito diminuídas. Além do alojamento particular onde eu habitasse, deveria possuir:

1º) Uma grande sala para as sessões da Sociedade e para as grandes reuniões;

2º) Um salão de recepção;

3º) Um aposento destinado às evocações íntimas, espécie de santuário, que nenhuma ocupação estranha viesse profanar;

4º) Um escritório para a *Revista* [espírita], os arquivos e os negócios da Sociedade.

Tudo isso disposto e preparado de maneira cômoda e condizente com a sua destinação. Além disso, seria criada uma biblioteca composta de todas as obras e escritos periódicos franceses e estrangeiros, antigos e modernos, relacionados com o Espiritismo.

O salão de recepção estaria aberto todos os dias e a certas horas, para os membros da Sociedade, que aí poderiam conferenciar livremente, ler os jornais e consultar os arquivos e a biblioteca. Os adeptos estrangeiros, de passagem por Paris, seriam aí recebidos, desde que apresentados por um sócio.

Estabelecer-se-ia correspondência regular com os diferentes centros da França e do estrangeiro e, finalmente, se contrataria um secretário e um auxiliar de escritório remunerados.

## Ensino espírita

Um curso regular de Espiritismo seria professado com o fim de desenvolver os princípios da Ciência e de difundir o gosto pelos estudos sérios. Esse curso teria a vantagem de fundar a unidade de princípios, de fazer adeptos esclarecidos, capazes de espalhar as ideias espíritas e de desenvolver grande número de médiuns. Considero esse curso capaz de exercer capital influência sobre o futuro do Espiritismo e sobre suas consequências.

## Publicidade

Dar-se-ia maior desenvolvimento à *Revista*, quer aumentando o seu número de páginas, quer publicando-a com mais frequência. Contratar-se-ia um redator remunerado.

Uma publicidade em larga escala, feita nos jornais de maior circulação, levaria ao mundo inteiro, até as localidades mais distantes, o conhecimento das ideias espíritas, despertaria o desejo de aprofundá-las e, multiplicando-lhes os adeptos, imporia silêncio aos detratores, que logo teriam de ceder diante do ascendente da opinião geral.

# Viagens

Dois ou três meses do ano seriam consagrados a viagens, para visitar os diferentes centros e lhes imprimir boa direção.

Se os recursos o permitissem, instituir-se-ia uma caixa para custear as despesas de viagem de certo número de missionários, esclarecidos e talentosos, que seriam encarregados de espalhar a Doutrina.

Uma organização completa e a assistência de auxiliares remunerados, com os quais eu pudesse contar, libertando-me de uma imensidade de ocupações e preocupações, me dariam o lazer necessário para ativar os trabalhos que ainda me restam por fazer e aos quais o estado atual das coisas não permite que eu me consagre tão assiduamente como fora preciso, por me faltar materialmente o tempo e por não serem suficientes para tanto as minhas forças físicas.

Se, porventura, me estivesse reservado realizar este projeto, em cuja execução eu teria de agir com a mesma prudência de que usei no passado, bastariam, indubitavelmente, alguns anos para fazer que a Doutrina avançasse de alguns séculos.

(*Obras póstumas*, Segunda parte.)

CAPÍTULO XXVII

## Fora da caridade não há salvação

Para mim, estes princípios não existem apenas em teoria, visto que os ponho em prática; faço tanto bem quanto o permite a minha posição; presto serviços quando posso; os pobres nunca foram repelidos da minha porta ou tratados com dureza; ao contrário, foram recebidos sempre e a qualquer hora com a mesma benevolência; jamais me queixei dos passos que hei dado para fazer um benefício; pais de família têm saído da prisão, graças aos meus esforços. Certamente, não me cabe inventariar o bem que já pude fazer; entretanto, uma vez que parecem esquecer tudo, creio ser-me lícito trazer à lembrança que a minha consciência me diz que nunca fiz mal a ninguém, que pratiquei todo o bem que esteve ao meu alcance, e isto, repito-o, sem me preocupar com a opinião de quem quer que seja.

A esse respeito, trago tranquila a consciência, e a ingratidão com que me hajam pago em mais de uma vez não representará motivo para que eu deixe de praticá-lo. A ingratidão é uma das imperfeições da humanidade, e, como nenhum de nós está isento de censuras, é preciso desculpar os outros para que nos desculpem também, a fim de podermos dizer como Jesus Cristo: *atire a primeira pedra aquele que estiver sem pecado.* Continuarei, pois, a fazer todo o bem que me seja possível, mesmo aos meus inimigos, porquanto o ódio não me cega. Sempre lhes estenderei as mãos para tirá-los de um precipício, caso se me ofereça ocasião para isso.

É assim que entendo a caridade cristã. Compreendo uma religião que nos prescreve retribuamos o mal com o bem e, com mais forte razão, que retribuamos o bem com o bem. Nunca, porém, compreenderia a que nos prescrevesse que pagássemos o mal com o mal. *(Pensamentos íntimos de Allan Kardec, num documento achado entre os seus papéis.)*

(*Obras póstumas*, Segunda parte.)

# REFERÊNCIAS

KARDEC, Allan. *Obras póstumas*. Trad. Evandro Noleto Bezerra. 2. ed. Brasília: FEB, 2013.

_____. *O livro dos médiuns*. Trad. Evandro Noleto Bezerra. 2. ed. Brasília: FEB, 2013.

_____. *Revista Espírita*: jornal de estudos psicológicos, 1858-1869. Trad. Evandro Noleto Bezerra. Rio de Janeiro: FEB.

MOREIL, André. *Allan Kardec, sa vie, son oeuvre*. Paris: Éditions Vermet, 1989.

SAUSSE, Henri. *Biographie d'Allan Kardec*. Paris: Éditions Pygmalion-Gérard, 1993.

WANTUIL, Zêus; THIESEN, Francisco. *Allan Kardec:* o educador e o codificador. vol. I. 3. ed. Rio de Janeiro: FEB, 2007.

_____._____. vol. II. 2. ed. especial. Rio de Janeiro: FEB, 2010.

# ÍNDICE GERAL[9]

## A

Abnegação
  verdadeiro espírita e * do amor-próprio – 108
Alma
  vida corporal e vida da – 10
Ambicioso
  castigo do – 211
Amor ao próximo
  significado da expressão – 211, 220
Asilo
  compreensão dos interesses do Céu e – 207
Auto de fé de Barcelona
  batismo de fogo do Espiritismo e – 128
  período da luta e – 128

## B

Barcelona
  chamas das fogueiras de – 101
Beijos de judas
  Allan Kardec e – 110
  desconfiança dos – 201
Bem
  conceito de – 61
  couraça do – 51, 222
Biblioteca especial
  criação da – 94

## C

Caixa central de socorro
  criação da – 182, 186, 188
Caixa de beneficência
  Allan Kardec e – 149
Caixa do Espiritismo
  Allan Kardec e sua cota-parte à – 147
  emprego de donativo anônimo e – 94, 141
  primeiro fundo da – 142
  relatório da * apresentado por Allan Kardec – 141
Calúnia
  arma perigosa e pérfida e – 102

---

[9] N.E.: Remete ao número da página.

detratores do Espiritismo e – 103
doutrina de Jesus e – 104
indignação e – 110
vantagens da – 103

Caridade
Allan Kardec e entendimento
da * cristã – 236
alma do Espiritismo e – 210
base de toda religião racional e – 118
Espiritismo e reforma da
humanidade pela – 167
Espíritos e pregação da – 167
fraternidade, filha da – 213
Marie G... e – 177-179
princípio da *, base da conduta
do homem – 118
verdadeiro espírita e *
evangélica – 139

Caridade beneficente
característica da – 210

Caridade benevolente
amar ao próximo como a
si mesmo e – 210
característica da – 210
verdadeira – 211
verdadeiro cristão e – 211
verdadeiro espírita e – 211

Centro espírita
laboratório para formação
de médiuns e – 93

Céu
asilo e compreensão dos
interesses do – 207

Charlatanice
inexistência da * filantrópica – 114

Charlatanismo
espírita e repúdio ao – 201
garantia contra o – 25

habilidade e recursos no – 30
temor do – 75

Ciência
missão especial da – 225
última palavra da * oficial
sobre o Espiritismo – 71

Ciência espírita
á-bê-cê da – 43
condição para conquista da – 42
constituição da – 34
crítica e verdadeiro objetivo da – 40
desenvolvimento da – 61
encadeamento em todas
as partes da – 77
estudo aprofundado da – 55
objetivo da Sociedade Parisiense
de Estudos Espíritas e – 43
primeiros passos da – 20
Sociedade Parisiense de
Estudos Espíritas e
elucidação da – 87
Sociedade Parisiense de Estudos
Espíritas e progresso da – 134
temor ao exame e – 75

Comunicação de além-túmulo
*ver* Comunicação espírita

Comunicação espírita
circunspecção e – 56
conveniência de publicação e – 57
Marie G... e – 177-179
perigo na publicação de
* imprópria – 55
sistemas para recepção da – 38

Comunicação espontânea
Allan Kardec e * dissuasória – 86
Espíritos mistificadores e – 39
identidade dos Espíritos e – 38

Comunicação inteligente
fonte da filosofia espírita e – 38

# Índice Geral

Crente insatisfeito
  característica do – 197
Crente progressista
  característica do – 197
Cristão
  caridade do verdadeiro – 211
Cristianismo
  campo de combate do – 154
  pontos de semelhança do
    Espiritismo com os do – 155
  reforma moral do – 249
Cristo *ver* Jesus
Crítica
  censura da – 40
  comportamento da – 20
  condição necessária à – 62
  espécies de – 46
  ignorância do Espiritismo e – 62
  publicações intempestivas e – 109
  respostas à – 77
  verdadeiro objetivo da
    ciência espírita e – 40

# D

Deísta
  característica do – 197
Deus
  reconhecimento de * àqueles
    que o haviam
    desconhecido – 100
Discórdia
  filha de todas as imperfeições da
    humanidade e – 213
Dogma
  depuração do * de certas
    religiões – 117

Espiritismo e discussão do *
  particular de cada culto – 117
Doutrina Espírita *ver*
*também* Espiritismo
  aderentes da – 10
  amplidão da – 83
  causa do rápido sucesso da – 116
  diferença entre falsos irmãos e
    amigos inábeis e – 114
  inconveniente das publicações
    intempestivas e – 109
  livro dos espíritos, O, expressão
    clara e exata da – 116
  moral inatacável e – 158
  motivo para os sensualistas
    repelirem a – 196
  objetivo da – 10
  obstáculo ao entrave da
    propagação da – 229
  penetração da * no campo – 100
  princípios fundamentais
    da religião e – 83
  unidade estabelecida na
    teoria da – 81
  universalidade do ensino
    dos Espíritos e – 164
  vínculos da fraternidade
    e da comunhão de
    pensamentos e – 209

# E

Egoísmo
  bons Espíritos e combate ao – 24
  chaga da sociedade e – 24, 118
  fraqueza humana dos espíritos
    propriamente ditos e – 218
  isolamento religioso e – 206
  isolamento social e – 206
  negação do futuro e – 64

## Índice Geral

verdadeiro espírita e
combate ao – 118

**Egoísta**
castigo do – 211

**Elemento espiritual**
fenômenos sobrenaturais e – 225
força viva da natureza e – 224
objetivo do Espiritismo,
estudo do – 225

**Elemento material**
força viva da natureza e – 224

*E pur si move*
correção da expressão
italiana – 102, nota
Galileu e a expressão – 102, nota

**Espírita(s)**
abnegação do amor-próprio
e verdadeiro – 108
atitude contrária ao verdadeiro – 108
característica do * de intuição – 184
característica do * real – 184
característica dos * mais ou
menos sérios – 185
caráter do verdadeiro – 115, 224
caridade do verdadeiro – 211
caridade evangélica e
verdadeiro – 139
comprovação da situação de – 201
conceito de – 227
conceito de * por intuição – 118
conselho aos – 116
continuidade dos trabalhos
pacíficos dos – 108
crentes egoístas e – 219
deserção entre os verdadeiros –
218-219
dever de todos os * sinceros – 159
dever do verdadeiro – 118

disseminação dos – 181
Doutrina Espírita, regra de
conduta do – 201
ensinamento ao verdadeiro – 218
fraquezas humanas dos *
propriamente ditos – 218
laço existente entre os – 210, 213
lamentos pelas deturpações e – 103
opinião de um incrédulo sobre o
comportamento do – 139
recomendação aos – 108
reconhecimento do verdadeiro – 219
repúdio ao charlatanismo e – 201
repúdio às coisas contrárias à
moral evangélica e – 201
sentido filosófico da religião – 209
Sociedade Parisiense de
Estudos Espíritas e estima
do verdadeiro – 78
utilidade dos * de contrabando – 218

**Espiritismo** *ver também*
**Doutrina Espírita**
adversários do – 110, 194, 202
alavanca da transformação da
humanidade e – 230
alavanca do progresso e – 207
alicerces da religião e – 64
apoio da imprensa geral e – 12
batismo de fogo do – 128
caixa do – 94
calúnia e detratores do – 103, 128
campo de combate do – 154
características do pretenso
adepto do – 111
caráter da religião do – 212
caráter particular da
história do – 138
caridade, alma do – 210
categorias de desertores e – 216
causa da rápida propagação
do – 62, 63, 226

## Índice Geral

ciência filosófica e – 42
ciência moral e – 10
classes esclarecidas da
　sociedade e – 62
combate ao princípio da
　fé cega e – 227
comprometimento e
　ridicularização do – 158
comunicações dos Espíritos
　e fundação do – 167
conceito de – 226, 227
confiança cega e – 75
conselhos da prudência e
　adeptos do – 108
consequências morais do
　* e transformação da
　humanidade – 171
constituição do * prático – 40
convite aos adeptos sinceros do – 114
crença cega e – 62
curso regular de – 232
definição de – 164
descrição de uma sessão de
　* no jornal – 112
desertores do – 216, 220
destino providencial do – 107
detratores e – 215
discussão dos dogmas particulares
　de cada culto e – 117
dissidências e – 230
distinção do * de todas as
　outras filosofias – 115
doutrina filosófica e moral e – 209
elemento espiritual e – 225
elementos influenciadores no
　progresso do – 230
encontro com a verdade
　consoladora e – 13
Espíritos pseudossábios e
　escolhos do – 125

faculdade mediúnica espontânea
　em pessoas estranhas ao – 203
falsos irmãos e – 110
fanfarrões do – 111
fé inabalável e – 227
filosofias materialistas e – 10
filosofias panteístas e – 10
fim essencial do – 117
finalidade do – 51
força do – 133, 194
futuro do – 10
ideia de visita ao hospício
　e – 65, nota
imposição do – 195
interrupção na marcha do – 194
intrigas ocultas para
　desacreditar o – 110
inutilidade dos ataques
　dirigidos contra o – 108
inutilidade dos ataques dos
　adversários do – 104
Lei da natureza e – 65, 107
liberdade de consciência e – 227
ligeira resposta aos
　detratores do – 223
linguagem dos adversários e – 12
maior prova do – 156
meios utilizados para
　propagação do – 226
melhoramento das massas e – 118
milagres e – 225
nova tática dos adversários do – 153
objetivo do – 171, 225
período de curiosidade e – 16, 215
período de transição e –
　104, 116, 159, 221
períodos do – 16, 127
pontos de semelhança do * com
　os do Cristianismo – 155
primeiro período do – 127

## Índice Geral

princípios básicos do – 10, 227
propagação do – 9, 154, 226
proporção dos adeptos do *
   segundo a posição social – 186
proporção dos adeptos do *
   segundo as categorias – 186
prova da influência
   moralizadora do – 138
prova do futuro e – 61
qualidade dos adeptos do – 15
quarto período do – 129
questão vital do – 65
quinto período do – 129
raízes do * por todo o mundo – 11
rapidez na vulgarização
   do – 13, 154, 222
reconhecimento dos verdadeiros
   servidores do – 156
reforma da humanidade pela
   caridade e – 167
religião e – 227
responsabilidade do – 202
reuniões não recomendadas
   pelo – 112
segundo período do – 127
sexto período do – 129
símbolo da fraternidade
   universal e – 171
sufrágio universal dos
   Espíritos e – 133
suscitação de divisão entre
   adeptos do – 113
tática hábil dos Espíritos e
   popularização do – 215
temor do ridículo e adesão ao – 17
terceiro período do – 128
terreno ganho diariamente pelo – 20
última palavra da ciência
   oficial sobre o – 71
vulgarização universal do – 222

Espiritismo cristão
   abertura do caminho do – 172
Espiritismo é uma
   religião?, O, artigo
   Revista Espírita e – 205, nota
Espiritismo independente
   Allan Kardec e – 175
   significado da expressão – 169
Espiritismo na sua expressão
   mais simples, O
   Allan Kardec e – 100
   efeito produzido pela brochura – 100
Espírito(s)
   aceitação da opinião pessoal do – 42
   aceitação das palavras dos – 41
   Allan Kardec e confiança
      na veracidade e
      superioridade dos – 47
   arte de conversação com os – 41
   benefícios das comunicações
      dos – 167
   comportamento diante dos – 39
   comportamento heterogêneo
      dos – 41
   comunicações dos * e fundação
      do Espiritismo – 167
   condição para granjear a
      simpatia dos – 43
   divisão dos * em duas
      categorias – 163
   Doutrina Espírita e universalidade
      do ensino dos – 164
   Espiritismo e sufrágio
      universal dos – 133
   Espiritismo sem as
      comunicações dos – 164
   grave erro na publicação dos
      ditados dos – 109

# Índice Geral

horizonte moral limitado e – 41
império dos preconceitos e dos sistemas e – 41
imposição das ideias do * pela fé cega – 92
inerência da existência dos * à espécie humana – 107
limite do ensino dos – 167
linguagem dos – 54
livro espírita, expressão clara e exata do ensino dos – 221
natureza da simpatia do médium com os – 24
nome de * e garantia de sua identidade – 119
pregação da caridade e – 167
pseudossábios e – 42
publicação do que dizem os – 53
reflexos das comunicações dos – 54
relacionamento dos * com Allan Kardec – 48
tática hábil dos * e popularização do Espiritismo – 215

Espírito batedor
efeitos materiais e – 16

Espírito bom
condições para comparecimento do – 49

Espírito brincalhão
fenômenos espíritas e – 215

Espírito galhofeiro
escrúpulo e – 55

Espírito imperfeito
cupidez e – 23

Espírito inferior
características das comunicações do – 57
disponibilidade do – 24
médium de efeitos físicos e – 24
meio utilizado para afastamento do – 57
subordinação do * ao Espírito superior – 25

Espírito leviano
característica do – 43
ocultação do nosso lado vulnerável e – 44

Espírito mau
fechamento das portas ao – 43
perigo no domínio exercido e – 45
tática utilizada e – 45

Espírito mistificador
comunicação espontânea e – 39
Sociedade Parisiense de Estudos Espíritas e – 43

Espírito pseudossábio
comportamento do – 109
escolhos do Espiritismo e – 125

Espírito sério
característica do – 43

Espírito superior
comportamento, imposição, adulação e – 109
dissimulação e – 110
médium interesseiro e – 23
subordinação do Espírito inferior ao – 25

Espírito zombeteiro
médiuns interesseiros e – 24

Espiritualismo
nuanças do – 196
panteístas e – 197

Espiritualista
característica do * sem sistema – 197
motivo para os sensualistas repelirem a doutrina – 196

Estabelecimento central
  Sociedade Parisiense de Estudos
    Espíritas e – 231

Evocação
  atração de maus Espíritos e – 45
  ensinamentos e – 40
  formulação e encadeamento
    metódico das perguntas e – 40
  identidade dos Espíritos e – 38
  interesse, moralidade,
    convicção e – 40

## F

Faculdade mediúnica
  espontaneidade da * em pessoas
    estranhas ao Espiritismo – 203

Falso(s) irmão(s)
  adversários do Espiritismo e – 110
  desconfiança dos – 201
  diferença entre os * e os
    amigos inábeis – 114
  procedimento dos – 221
  Revista Espírita e artigo
    sobre os – 155

Fascinação
  isolamento favorece a – 122

Fé
  Espiritismo e combate ao
    princípio da * cega – 227
  imposição das ideias do
    Espírito pela * cega – 92
  liberdade de consciência e livre-
    exame em matéria de – 227
  pedra de toque da * sincera – 208
  significado da expressão
    * política – 208
  trevas do materialismo e – 83

Felicidade
  certeza do futuro e * duradoura – 61
  questão vital do Espiritismo
    e * do homem – 65

Figuier, Louis, Sr., cientista
  história do maravilhoso nos tempos
    modernos, A, livro, e – 70

Filósofo
  distinção entre livre-pensador e – 118

Fraternidade
  filha da caridade e – 213

Fraude
  fenômenos físicos e – 27
  finalidade da – 26
  insinuação da * por toda a parte – 28
  livro dos médiuns, O, e – 25, nota
  médiuns escreventes e – 28
  meio de reconhecimento da – 27
  pequena astúcia contra a – 27
  possibilidade de * e de imitação – 28

Futuro
  egoísmo e negação do – 64
  Espiritismo e prova do – 61
  felicidade duradoura e
    certeza do – 61
  luta entre o passado e o – 99

## G

G..., Marie
  caridade inteligente e – 178
  caridade santa e – 177
  comunicação espírita e – 177-179

Galileu
  *e pur si move* e – 102, nota

Geração nova
  ideias novas e – 104

Grupo espírita
  encorajamento da beneficência coletiva no – 192
  Sociedade Parisiense de Estudos Espíritas e formação de – 89

# H

Hipócrita
  castigo do – 211

História do maravilhoso nos tempos modernos, A, livro
  instintiva repulsa do homem pelo nada e – 72
  Louis Figuier, Sr., e – 70
  negação de todo princípio inteligente fora da matéria e – 71
  recomendação de Allan Kardec para a leitura do – 72
  última palavra da ciência oficial sobre o Espiritismo e – 71

Home, Sr.
  Allan Kardec e artigos sobre o – 27
  referências ao – 12

Homem
  circunspecção e * sério – 78
  Espiritismo e melhoramento moral do – 117
  felicidade do *, questão vital do Espiritismo – 65
  princípio da caridade, base da conduta do – 118

Homem de bem
  laços de união e – 51, 221

Humanidade
  consequências morais do Espiritismo e transformação da – 171
  discórdia, filha de todas as imperfeições da – 213
  Espiritismo e alavanca da transformação da – 230

# I

Ideia(s) espírita(s)
  divulgação da – 89
  exploração da – 156
  impotência da força aberta contra a – 155
  invasão das * na imprensa, na literatura e na filosofia – 200
  progresso da – 61, 63
  publicidade das – 232
  reforma de todos os abusos e – 188

Ideias alheias
  condição para libertação das – 170

Igreja cristã
  cismas da – 229

Imprensa
  apoio da * geral – 12
  silêncio dos partidários sinceros da – 12
  tipos de – 14

Incredulidade
  verdadeiro espírita e combate a – 118

Incrédulo
  característica do * por falta de melhor – 197
  necessidade de estudo e reflexão do – 75
  opinião de um * sobre o comportamento do espírita – 139

Ingratidão
  imperfeição da humanidade e – 235

Instrução prática sobre as manifestações, livro
  boa-fé dos médiuns e dos assistentes e – 28

Instruções de Allan Kardec ao
    movimento espírita, livro
    objetivo do – 28

## J

Jesus
    calúnia e doutrina de – 104
    particularidades das
        palavras de – 129
    princípio fundamental da
        doutrina de – 206
Jobard, Sr.
    albergue ordinário e – 10

## K

Kardec, Allan
    aquisição da verdadeira
        convicção e – 75
    artigos sobre o Sr. Home e – 27
    beijos de judas e – 110
    caixa de beneficência e – 149
    caixa do Espiritismo e – 94, 141
    comportamento da esposa de – 146
    comunicação espontânea
        dissuasória e – 86
    concepção da ideia de O livro
        dos espíritos e – 146
    confiança na veracidade e
        superioridade dos Espíritos e – 47
    cota-parte de * à caixa do
        Espiritismo – 147
    criação de uma caixa central de
        socorro e – 182, 186, 188
    discurso de * na abertura do
        ano social de 1862 – 85
    discurso de * na renovação do
        ano social de 1861 – 73
    discurso de * no encerramento do
        ano social de 1858-1859 – 31
    emprego de donativo anônimo no
        interesse do Espiritismo e – 94
    entendimento da caridade
        cristã e – 236
    Espiritismo independente e – 175
    Espiritismo na sua expressão
        mais simples, O, e – 100
    fundação de sociedades de socorros
        mútuos e – 189-191
    fundador da Sociedade Parisiense
        de Estudos Espíritas e – 134
    julgamento de – 47
    linha de conduta e – 35
    lucro retirado das obras e – 143
    lucubração de sistema
        filosófico e – 46
    mérito dos Espíritos e – 46
    missão de – 119
    motivos de confiança e – 48
    palavras de São Luís, Espírito, e – 36
    polêmica útil e – 20
    princípios seguidos por – 51
    projeto de fundação de
        estabelecimentos
        hospitalares e – 188
    projeto de uma fundação e – 148
    recomendação de * para a leitura
        do livro do Sr. Figuier – 72
    relacionamento dos
        Espíritos com – 48
    relatório da caixa do Espiritismo
        apresentado por – 141
    relatório da viagem de 1862 e – 110
    renúncia futura de * na Sociedade
        Parisiense de Estudos
        Espíritas – 32-33, nota
    resposta aos ataques e – 19
    Revista Espírita e refutação de – 27
    riquezas de – 144
    viagens de visita aos centros e – 233

## L

Ledoyen, Sr.
  Sociedade Parisiense de
    Estudos Espíritas e – 33
Lei da natureza
  Espiritismo e – 65, 107
  oposição ao desenvolvimento
    de uma – 108
Liberdade de consciência
  Espiritismo e – 227
  livre-exame em matéria de fé e – 227
Livre-pensador
  considerações sobre o – 197
  distinção entre * e filósofo – 118
Livro dos espíritos, O
  Allan Kardec e concepção
    da ideia de – 146
  expressão clara e exata da
    Doutrina Espírita e – 116
  período filosófico e – 127
  Sociedade Parisiense de Estudos
    Espíritas e princípios
    formulados em – 132
Livro dos médiuns, O
  ausência momentânea de
    médiuns e – 72, nota
  reuniões espíritas íntimas e – 67
Livro espírita
  despesa com – 111
  expressão clara e exata do ensino
    dos Espíritos e – 221
  inspiração de culpado de
    malevolência e – 224
  livros de magia, feitiçaria ou
    escritos políticos e – 112
Luís, São, Espírito
  Allan Kardec e palavras de – 36
  meio infalível para não temer
    a rivalidade e – 50
  presidente espiritual da
    Sociedade Parisiense de
    Estudos Espíritas e – 93

## M

Macaquinha, o macaco e
  a noz, A, fábula
  julgamento das ideias antes
    da maturidade e – 13
Magnetismo
  situação do – 12
Manifestação física
  descrença na – 27
  fraude espírita e – 27, nota
  prestidigitação e – 27
Matéria
  Ciência e estudo das leis da – 225
  libertação do pensamento
    das amarras da – 205
  negação de todo princípio
    inteligente fora da – 71
Materialismo
  avivamento da fé que se extingue
    nas trevas do – 83
  nuanças do – 196
  panteístas e – 197
Materialista
  abstração da vida espiritual e – 206
  característica do * por sistema – 196
  Espiritismo e destruição
    da ideia – 117
  teoria racional e * por sistema – 196
Mateus, 5:10, 11 e 12 – 129, nota
Médium(ns)
  afastamento dos * da
    reunião espírita – 92

## Índice Geral

ausência de * na reunião
espírita – 67, 72, nota
centro espírita, laboratório
para formação de – 93
escolhos do – 23
exaltação da missão do – 119
imperfeição do * e obstáculo
ao estudo – 92
intermitências mais ou
menos longas e – 68
natureza da simpatia do *
com os Espíritos – 24
número crescente de – 49
Sociedade Parisiense de Estudos
Espíritas e progresso dos – 91

Médium de efeitos físicos
Espírito inferior e – 24
insegurança do * quanto à realidade
das manifestações – 25
simulação dos fenômenos e – 25

Médium escrevente
fraude e – 30

Médium interesseiro
ambições e – 24
consultas ou sessões
remuneradas e – 23
Espíritos superiores e – 23
Espíritos zombeteiros e – 24

Médium mercenário
garantia contra o – 28

Mediunidade
bons Espíritos e transformação
da – 24
manifestação da * falante – 203
revelação da * curadora – 203

Mesa girante
camadas inferiores da
sociedade e – 15
infantilidade e – 36

Milagre
Espiritismo e – 225

Mirville, Sr. de
explicações diabólicas e – 71
recomendação da obra de – 70

Movimento espírita
olhar retrospectivo sobre o – 193

Mundo dos Espíritos
composição do – 53-54
instrução a respeito do – 41
potência da natureza e – 44

Mundo espírita *ver* Mundo
dos Espíritos

Mundo invisível *ver* Mundo
dos Espíritos

## N

Natureza
forças vivas da – 224

## O

Obras póstumas
artigos e – 8
Luís Olímpio Guillon Ribeiro e – 8

Obsessão
trabalhos mediúnicos e
sinais de – 125

Olímpio Guillon Ribeiro, Luís
Obras póstumas e – 8

Orgulho
fraqueza humana dos espíritos
propriamente ditos e – 218

Orgulhoso
castigo do – 211

# Índice Geral

## P

Panteísta
  considerações sobre o – 197
  espiritualismo, materialismo e – 197

Passado
  luta entre o * e o futuro – 99

Pensamento(s)
  comunhão de *, essência das
    assembleias religiosas – 206-208
  libertação do * das amarras
    da matéria – 205
  reunião religiosa e
    comunhão de – 205
  reunião religiosa e * no céu
    para si mesmo – 207
  reunião religiosa e * pessoal – 205

Período da curiosidade
  comunicações frívolas e – 129
  Espiritismo e – 16, 215
  mesas girantes e – 127
  objetivo do – 16
  tática hábil dos Espíritos e – 215
  utilidade do – 217

Período da influência sobre
  a ordem social
  Espiritismo e – 16
  objetivo do – 16

Período da luta
  auto de fé de Barcelona e – 128

Período da observação ou filosófico
  comunicações graves e
    instrutivas e – 129
  Espiritismo e – 16
  livro dos espíritos, O, e – 127
  objetivo do – 16
  Sociedade Parisiense de Estudos
    Espíritas e inauguração do – 132

Período da regeneração social
  era do século XX e – 129

Período de admissão
  Espiritismo e – 16
  objetivo do – 16

Período intermediário – 129

Período religioso – 129

População
  divisão da * em classes – 100

Prestidigitação
  manifestações físicas e – 27

Princípio espiritual
  conhecimento das leis que
    regem o – 226

Princípio inteligente
  negação de todo * fora
    da matéria – 71

## R

Reencarnação
  contraditores e princípios da – 81
  solução para os problemas da
    filosofia moral e religiosa e – 81

Religião(ões)
  acepção usual da palavra – 209
  caráter da * do Espiritismo – 212
  caridade, base de toda *
    racional – 118
  depuração dos dogmas
    de certas – 117
  Doutrina espírita e princípios
    fundamentais da – 83
  Espiritismo e alicerces da – 64
  laço moral estabelecido pela – 208
  significado da expressão
    * política – 208
  significado da palavra – 208

## Índice Geral

Reunião espírita
  afastamento dos médiuns da – 92
  ausência de médium na – 67
  característica da – 209
  condição essencial de toda – 170
  papéis dos médiuns na – 69
  transformação na – 202
  utilização do tempo da *
  sem médiuns – 69

Reunião religiosa
  fundamento da – 205
  pensamento no céu para
    si mesmo e – 205
  pensamento pessoal e – 205

Revista Espírita
  artigo sobre os falsos irmãos e – 155
  atualidade e oportunidade da – 7
  disseminação da * por todo
    o mundo – 11
  Espiritismo é uma religião?,
    O, artigo, e – 205, nota
  gratidão pelas provas de
    simpatia e – 59
  importância das matérias e – 7
  incorporação dos assuntos da
    * às obras básicas – 7
  jornal de estudos psicológicos
    de Allan Kardec e – 7
  polêmica útil e – 21
  prosperidade crescente da – 60
  que ensina o Espiritismo, O, e – 167
  refutação de Allan Kardec e – 27

## S

Segunda vista
  manifestação da – 203

Seita
  nada de comunicação dos
    Espíritos e – 161

  negação da prece, A, e
    formação de – 161

Sinceridade
  verdadeira pedra de toque da – 218

Sociedade
  correntes de ideia e * atual – 196

Sociedade de Paris ver Sociedade
  Parisiense de Estudos Espíritas

Sociedade espírita
  alusão à formação de nova – 48
  condições necessárias para
    regulamentação de – 49

Sociedade Espírita de Paris
  ver Sociedade Parisiense
  de Estudos Espíritas

Sociedade Parisiense de
  Estudos Espíritas
  adesão voluntária de sociedades
    e grupos à – 132
  Allan Kardec, fundador da – 134
  círculo inatacável à
    malevolência e – 78
  discurso de Allan Kardec, abertura
    do ano social de 1862 e – 85
  discurso de Allan Kardec,
    encerramento do ano social
    de 1858-1859 e – 31
  discurso de Allan Kardec, renovação
    do ano social de 1861 e – 73
  dúvida quanto à utilidade
    real da – 86
  elucidação das várias partes da
    ciência espírita e – 87
  Espíritos mistificadores e – 43
  estabelecimento central e – 231
  estima dos verdadeiros
    espíritas e – 78
  estudos graves, sérios,
    abstratos e – 15

exame das comunicações mediúnicas
   recebidas pela –121
fim essencialmente moral
   e filosófico e – 88
formação de grupos espíritas e – 89
ideias espíritas e – 87
inauguração do período
   filosófico e – 132
inoportunidade de publicação
   de livro e – 118
instalação da teoria da Doutrina
   Espírita e – 230
interesse das reuniões e – 32
interferência da * nas questões
   de controvérsias – 118
lacunas lamentáveis na
   constituição da – 73
Ledoyen, Sr., e – 33
Luís, São, presidente
   espiritual da – 93
missão da – 134
objetivo da – 44, 77
obrigações da * para conservar seu
   crédito e ascendente moral – 138
origem da – 31, 85
origem dos membros da – 90
palavra de ordem entre a * e demais
   sociedades espíritas – 90
perigosos inimigos da – 79
posição moral da – 136
preponderância da – 87
prescrições legais e – 32
principal causa do crédito e da
   consideração da – 82
princípios formulados em O
   livro dos espíritos e – 132
progresso da – 86
progresso em relação aos
   médiuns e – 91
publicidade das sessões e – 75
reformas e – 74
relações entre a * e as sociedades
   estrangeiras – 135
renúncia futura de Allan
   Kardec e – 32-33, nota
restrições à admissão de ouvintes
   estranhos e – 34, 74
sinal de prosperidade da – 131
sistema diabólico e – 88
verdadeiro caráter da – 134-135
vicissitudes da – 79, 85

Sonambulismo
   manifestação do * espontâneo – 203
   pretensos sonâmbulos e – 28

Sonâmbulo
   sonambulismo e pretenso – 28

Sous
   significado da palavra – 101, nota

Sufrágio universal dos Espíritos
   Espiritismo e – 133

# V

Vida corporal
   albergue ordinário e – 10
   vida da alma e – 10

Vida da alma
   vida corporal e – 10

Vida espiritual
   materialista e abstração da – 206

EDIÇÕES DE
## INSTRUÇÕES DE ALLAN KARDEC AO MOVIMENTO ESPÍRITA

| EDIÇÃO | IMPRESSÃO | ANO | TIRAGEM | FORMATO |
|---|---|---|---|---|
| 1 | 1 | 2005 | 3.000 | 14x21 |
| 2 | 1 | 2007 | 1.000 | 14x21 |
| 2 | 2 | 2010 | 1.000 | 14x21 |
| 3 | 1 | 2014 | 2.000 | 14x21 |
| 3 | IPT* | 2025 | 100 | 14x21 |

*Impressão pequenas tiragens

# CARIDADE: AMOR EM AÇÃO

Sede bons e caridosos: essa a chave que tendes em vossas mãos. Toda a eterna felicidade se contém nesse preceito: "Amai-vos uns aos outros". KARDEC, Allan. *O evangelho segundo o espiritismo*, cap. 13, it. 12.

A Federação Espírita Brasileira (FEB), em 20 de abril de 1890, iniciou sua *Assistência aos Necessitados* após sugestão de Polidoro Olavo de S. Thiago ao então presidente Francisco Dias da Cruz. Durante oitenta e sete anos, esse atendimento representava o trabalho de auxílio espiritual e material às pessoas que o buscavam na Instituição. Em 1977, esse serviço passou a chamar-se Departamento de Assistência Social (DAS), cujas atividades assistenciais nunca se interromperam.

Desde então, a FEB, por seu DAS, desenvolve ações socioassistenciais de proteção básica às famílias em situação de vulnerabilidade e risco socioeconômico. Fortalece os vínculos familiares por meio de auxílio material e orientação moral-doutrinária com vistas à promoção social e crescimento espiritual de crianças, jovens, adultos e idosos.

Seu trabalho alcança centenas de famílias. Doa enxovais para recém-nascidos, oferece refeições, cestas de alimentos, cursos para jovens, serviços de convivência e fortalecimento de vínculos para idosos e organiza doações de itens que são recebidos na Instituição e repassados a quem necessitar.

Essas atividades são organizadas pelas equipes do DAS e apoiadas com recursos financeiros da Instituição, dos frequentadores da Casa e por meio de doações recebidas, num grande exemplo de união e solidariedade.

Seja sócio-contribuinte da FEB, adquira suas obras e estará colaborando com o seu Departamento de Assistência Social.

# O EVANGELHO NO LAR

*Quando o ensinamento do Mestre vibra entre quatro paredes de um templo doméstico, os pequeninos sacrifícios tecem a felicidade comum.*\*

Quando entendemos a importância do estudo do Evangelho de Jesus, como diretriz ao aprimoramento moral, compreendemos que o primeiro local para esse estudo e vivência de seus ensinos é o próprio lar.

É no reduto doméstico, assim como fazia Jesus, no lar que o acolhia, a casa de Pedro, que as primeiras lições do Evangelho devem ser lidas, sentidas e vivenciadas.

O espírita compreende que sua missão no mundo principia no reduto doméstico, em sua casa, por meio do estudo do Evangelho de Jesus no Lar.

Então, como fazer?

Converse com todos que residem com você sobre a importância desse estudo, para que, em família, possam compreender melhor os ensinamentos cristãos, a partir de um momento de união fraterna, que se desenvolverá de maneira harmônica e respeitosa. Explique que as reflexões conjuntas acerca do Evangelho permitirão manter o ambiente da casa espiritualmente saneado, por meio de sentimentos e pensamentos elevados, favorecendo a presença e a influência de Mensageiros do Bem; explique, também, que esse momento facilitará, em sua residência, a recepção do amparo espiritual, já que auxilia na manutenção de elevado padrão vibratório no ambiente e em cada um que ali vive.

Convide sua família, quem mora com você, para participar. Se mora sozinho, defina para você esse momento precioso de estudo e reflexões. Lembre-se de que, espiritualmente, sempre estamos acompanhados.

Escolha, na semana, um dia e horário em que todos possam estar presentes.

O tempo médio para a realização do Evangelho no Lar costuma ser de trinta minutos.

As crianças são bem-vindas e, se houver visitantes em casa, eles também podem ser convidados a participar. Se não forem espíritas, apenas explique a eles a finalidade e importância daquele momento.

O seguinte roteiro pode ser utilizado como sugestão:

Preparação: leitura de mensagem breve, sem comentários;

Início: prece simples e espontânea;

Leitura: *O evangelho segundo o espiritismo* (um ou dois itens, por estudo, desde o prefácio);

Comentários: breves, com a participação dos presentes, evidenciando o ensino moral aplicado às situações do dia a dia;

Vibrações: pela fraternidade, paz e pelo equilíbrio entre os povos; pelos governantes; pela vivência do Evangelho de Jesus em todos os lares; pelo próprio lar...

Pedidos: por amigos, parentes, pessoas que estão necessitando de ajuda...

Encerramento: prece simples, sincera, agradecendo a Deus, a Jesus, aos amigos espirituais.

As seguintes obras podem ser utilizadas nesse momento tão especial:

*O evangelho segundo o espiritismo*, como obra básica;

*Caminho, verdade e vida; Pão nosso; Vinha de luz; Fonte viva; Agenda cristã.*

Esse momento no lar não se trata de reunião mediúnica e, portanto, qualquer ideia advinda pela via da intuição deve permanecer como comentário geral, a ser dito de maneira simples, no momento oportuno.

No estudo do Evangelho de Jesus no Lar, a fé e a perseverança são diretrizes ao aprimoramento moral de todos os envolvidos.

**FEB editora**
Livro espírita para um novo mundo
www.febeditora.com.br
@febeditoraoficial
@febeditora

Conselho Editorial:
*Carlos Roberto Campetti*
*Cirne Ferreira de Araújo*
*Evandro Noleto Bezerra*
*Geraldo Campetti Sobrinho – Coord. Editorial*
*Jorge Godinho Barreto Nery – Presidente*
*Maria de Lourdes Pereira de Oliveira*
*Miriam Lúcia Herrera Masotti Dusi*

Produção Editorial:
*Elizabete de Jesus Moreira*

Revisão:
*Paula Lopes*
*Perla Serafim*

Capa:
*Luis Hu Rivas*

Projeto Gráfico e Diagramação:
*Paulo Márcio Moreira*

Normalização Técnica:
*Biblioteca de Obras Raras e Documentos Patrimoniais do Livro*

---

Esta edição foi ino sistema de Impressão pequenas tiragens, em formato fechado de 140x210 mm e com mancha de 104x170 mm. Os papéis utilizados foram o Off white 80 g/m² para o miolo e o Cartão 250 g/m² para a capa. O texto principal foi composto em fonte Adobe Garamond Pro 12/15 e os títulos em Adobe Garamond Pro 28/34. Impresso no Brasil. *Presita en Brazilo.*